お片づけ大人気ブログ
『ごんおばちゃまの暮らし方』主宰
ごんおばちゃま

しない片づけ

これをしないだけで部屋も心もすっきり!

興陽館

その「しなきゃ」はほんとうに必要？

なかなか片づかない。
片づけてもすぐ散らかってしまう。
どうしてなんだろう。
実はこれ、あなたが気づかずにしている
毎日のちょっとした習慣が、
原因だったりすることもあります。

100
YEN
ペンたて

よかれと思って「してしまう」ことで、
無駄な仕事を増やしてしまう。
なにげない習慣が、
気持ちのいい暮らしや
片づけを邪魔することもあります。

S
T
O
P
!

「これはしない！」
それだけですっきりした暮らしが
手にはいります。

ちょっと
やめてみて！

その習慣や癖をやめるだけで
部屋も心も片づいていきます。

「しない片づけ」してみましょう！

はじめに
その「しなきゃいけない」を見直してみませんか？

はじめまして、こんにちは。

多くの本の中から、この本を手に取ってくださりありがとうございます。

私は、ブログ『ごんおばちゃまの暮らし方』でお片づけやお掃除のこと、日々の暮らしについて書かせていただいているごんおばちゃまと申します。

「家事は楽しくやるもの」をモットーに片づけや掃除ができたらいいなといつも考えております。

片づけや掃除は人生でとても大切なことです。

でもやっぱり楽しくなければずっと続けることはなかなか難しいものですよね。

楽しみながらいつの間にか部屋が片づいていたら最高ですよね。

とは言ってもあなたは悩んでいるかもしれません。


部屋が散らかってしまう。なかなか片づかない。

どうして私は片づけられないんだろう、と。

もう一度、あなた自身の毎日を見直してみてください。

もし一向に片づかないと思っているなら、それはあなたの考え方の癖だったり、習慣が「すっきり片づけること」を邪魔しているからなのかもしれません。

それを「しない！」だけで、見違えるように暮らしが変わったりすることもあります。

今まで、「片づけなくっちゃ～」とその気持ちだけは人一倍あるのに、なかなか散らかった汚部屋から抜け出せなかった。

その状況から抜け出すことは、そんなに大変なことではありません。

今、自分がどのような考え方で暮らしているのか、どんな習慣を自分が持っているのかを探ることで一歩前に進めます。


本気で片づけたいと思いながらなかなか進まないのはどうしてなのか？

片づけの方法ではなく、あなたの癖や習慣に問題があるのかもしれません。

この本の中でよくある癖や習慣を例をあげてお話ししていますので、心当たりがあればそれをやめてみる。

そうすれば自然にあなたの暮らしは変わってきます。

その上、片づけだけではなく、暮らし全般、親子関係、友人関係なども変わってくるのではないかと思います。

家族で暮らすにしろ、一人で暮らすにしろ、あなた自身の新しいルールを自分で作り、それを習慣として続けていくと、暮らしは今までとは全然違ってくるはずです。

今までの習慣をやめる……しない……それはあなた自身が変わるということです。

あなたの生き方、暮らし方、考え方など、全部繋がっています。

つまり1つやめる、「しないこと」で、全部が変わってきます。

今まで変わりたいと思っていたあなたがなぜ変われなかったのか。

「しなきゃ」「やらなきゃ」に固執していたのかもしれません。

片づけたいと思いつつ、モノは大切にしなきゃと、モノを捨てられなかったりすることもそうです。

でもね、使わないモノはどんどん捨ててもいいのです。

そうするとモノが減る。

ただそれだけで家事も片づけも驚くほど簡単になります。
そこから先は、モノが減るので片づけなくっちゃ～と思わなくても自然に片づいていきます。

この本ではそんなあなたの「しなきゃいけない」「やらなきゃ」を1つ1つ見ていきます。

今までの習慣や考え方の癖を見直すことで、「しなきゃいけない」「やらなきゃいけない」に縛られていた思いからもっと自由になり、これからの人生は、よりもっともっとやってみたかったことや、今までできないと思っていたことにも挑戦できるようになります。
部屋が片づく以上に心から幸せになれるのではないでしょうか。

ごんおばちゃま

はじめに
その「しなきゃいけない」を見直してみませんか？ 16

第1章
「これをしない！」だけですっきり片づく！ 31

片づかない家に住む人の不幸 32
「しない」「する」のちょっとした差 37
コップはテーブルのどこに置きますか？ 41

✧目次✧

寝る前の片づけはわずか数分……45
いつ片づけるのですか？……51
モノを片づけるいい方法……54
プラスチック製は持たない……58
まずはガラクタからさよなら……62
しまい込む癖を直す……64
買えば買うほど不自由に……67
飾り物にホコリがいっぱい！……71

第2章
「これをしない！」だけで家事は簡単！
「これをしない！」だけで家事は簡単！……75
家事を単純にするコツ……76
便利な最新家電のワナ……79
何を買えばいいのか？……82
引き出しの中には何があるの？……86
片づけでお金は貯まる？……89
名もなき家事をなめるな……92

✧ 目 次 ✧

調子の悪い日は何を食べる？……96
台所が狭いから片づかないの？……98
家事は誰がするの？……103
冷蔵庫の中身は一目瞭然に……107
冷蔵庫は計画的に使う……110
食事の洗い物を楽にする方法……112

第3章

「これをしない!」だけで毎日は幸せ!

「これをしない!」だけで毎日は幸せ! …… 115
モノは必要最小限に …… 116
当たり前の日常こそ幸せ …… 120
やる気がでる魔法の言葉 …… 124
うまい話には気をつけて …… 128
「疑う」ことで自分の身を守る …… 132
自分の時間のつくり方 …… 135

✧目次✧

ずぼらはもってのほか！ …… 139
掃除や料理に手を抜かない …… 142
習慣が人生を変える …… 145
今日の計画を立てる …… 148
探し物をしないコツ …… 151

第4章

「これをしない！」だけで暮らしが変わる！ 155

見た目だけではない化粧の効用 156
季節の冷暖房機の使い方 159
洗濯でやめたこと 162
タオルひとつのメンタル強化術 166
「夜は軽食」が楽 169
洗剤の種類を減らす 173

✧ 目次 ✧

今いるモノだけを買う …… 177
一カ月でどれぐらい持つか調べる …… 179
広告に惑わされない …… 185
消耗品は普段用と災害用に …… 188
買い物の仕方が片づけを変える …… 191
片づけは最後まで片をつける …… 193
連鎖するモノを断ち切る …… 197
習慣が生活を作る …… 204

おわりに …… 208
あとがき …… 214

第1章

「これをしない!」だけで すっきり片づく!

片づかない家に住む人の不幸

ある妊婦さんが私にこう言いました。

「私は実家で子供を産めない」と。

「どうしてなの」とその理由を尋ねると、「母は優しいのですが、実家はモノが多くて衛生的にも赤ちゃんを育てる環境にない」と。

なんと不幸なことでしょうか！

生まれてくる赤ちゃんを実家の母に見てもらえない、またお母さんも孫を抱けないなんて！

しかしそれは、その家が赤ちゃんを育てる環境にはないということだけです。

そんな風に実の娘が「実家では子供を産めない」のは異常にモノがあるせいで起こる不幸です。もしこの状態が改善されたらきっと彼女はこう言うでしょう。

「お母さん、出産時期は○月○日ごろで、そっちに帰るからね。よろしくお願いしますね」と、なんの憂いもなく帰れます。

生まれてくる赤ちゃんをみんなでお迎えできますね。お母さんがどうこうではなく、家の状況だけが問題だったのです。

だからこそ家は清潔にして良い環境にしておきたいもの。モノのあるせいで前に進めないって、思っている以上に深刻な問題です。

気が付かないから、そのままになって改善されないのです。

片づけは人間関係も深刻にします。お母さんは、「あの子はなんで、うちに帰ってこないの？　なんで？　私に問題があるのかしら？　私のことが嫌いなのかしら？」ってね。

いらぬ心配、余計な思いもみんな、使っていないモノと一緒にさよならしましょう。

片づかない家は住んでいる人の心も片づいていません。

心配でいっぱいです。

家は心を映しています。

気づかないで放置していると、知らぬ間に自分の心も片づかないまま放置していることになります。

「これ」はしない！　その１

あるのが当たり前にしない

モノをほったらかしにしない。

あるのが当たり前と思わない。


私たちは、モノがあるせいで前に進めません。

『モノがいっぱいあることを当たり前』と思わないことです。

たくさんのモノがあるせいで引き起こすトラブルは様々。モノが多いせいで、きつい言葉で非難されることもあるでしょう。そうなれば、親子であっても夫婦であっても亀裂が生じます。

まずは、使っていないモノはほったらかしにしないで、どんどん抜いていってください（**抜くとは、①人に譲る。②売る。③支援物資にする。④捨てる。**この4つの方法で家の中から外に出すことを言います）。人のためではなく自分のためにです。

ひいてはそのことが家族の幸せにも繋がっていきます。

動き始めると、いろんなことが少しずつ停滞から動きだしてきます。

「しない」「する」のちょっとした差

「できるかも」と、「できないかも」。

何かが起こったとき、このどっちを思うかで大きく違います。

「できないかも」と思うのも、「できるかも」と思うのも、脳の習慣が決めているようですよ。

前に1度経験して、できなかったか、あるいは、「失敗はしなかったけれど、大変だったからもうしない」ということがあると、脳が「しない」と判断します。

また、「よく似た感じだから」という、あいまいなことでも同じです。特に、あいまいな方が「しない」方に偏る傾向にあるのじゃないかしら?

本来、もしやってみたら「できる」かもしれないのに、「できないかもしれないから、しない！　やらない！」と脳が判断したら、それは非常にもったいないことです。

人生とは「思い通りに行かないもの」とよく言いますよね。その通りです。思い通りに行かないことの方が多いからこそ、やって失敗してみたらいいんじゃないかしら。

いや！　もしかしたらできるかもしれません。やればできるかもしれない道をやらずにふさいでしまうなんて本当にもったいない話です。

思い通りに行かなくて元々です。やってみる価値は大いにあります。だってできるかもしれないんですもの。

「これ」はしない！　その２

できないと諦めない

今まではやる前からできないかもしれないと考えていたのだとしたら、これからは駄目で元々。それでもやる価値あり。やれるかもしれない。やることで、面白いことに気づき、次のステップへ進む可能性も出てきます。

やってみましょう。やってみなければ何も動きません。

私にはムリ〜〜!!
あきらめないで!

コップはテーブルのどこに置きますか？

テーブルの上にコップを置きます。あなたなら、どこに置きますか？

小さな子供なら、ポンと思いついたところに置くでしょうが、分別のある大人なら、テーブルの端っこには置きませんよね。

ちょっと体に当たって落として割れてはいけないというように判断します。

これが危険回避の術です。

私たちは、この危険回避の術をありとあらゆるところで発揮します。溝のある道の端っこは歩かない。雨が降るかもしれないので折りたたみ傘を持っていこう。

こういったことができるのになぜ、「今日はお客さんが来ないから、ゆっくりテレビでも見てから、掃除しよう」と思うのかしら？

危険回避の術を使って、「急に人が来るかもしれない」と思えばなんのことはありません。ささっと掃除しておけば、いつ誰が来てもＯＫです。散らかった部屋には通せませんが、片づけた部屋には「どうぞ」と通せます。

この危険回避の術を使って、是非朝のうちに片づけておきましょう。

ポイントは、昼や夕方ではなく朝一番です。朝一に片づけるといつでもＯＫですが、お昼からだとお昼までは人は入れられません。

夕方だと、子供の友達が学校から帰ってきて「あそぼ！」にも間に合わない。

掃除片づけは、なんと言っても朝一がベストです。

「これ」はしない！　その③

先にのんびりしない

朝一から自由時間ばかり！

朝からテレビにべったり！

これを習慣にしていては、何も始まりません。もし、この習慣を行っているとしたら、あなたの家が片づかないことも、何事もスムーズにいかないことも、至極当然なことです。

毎日のことですから、「これをしない」だけで大いに人生は変わりますよ。

朝はどうしてもエンジンがかからない！……そこをえい！　や!!　であ

なたの気持ちで奮い立たせるのです。乗らない気持ちを跳ね除けていくのです！　ここであなたの決心が大切になってきます。

朝一から片づけて掃除していれば何事もスムーズにいきます。回数を重ねていくうちに部屋の中がどんどんきれいになっていきます。それは必ずです。

そうするとあなたの気持ちがだんだんふわりと楽になってきます。

朝一からあなたが変わっていきます。だからね、やってみたらわかりますよ。

これからは朝一にささっと片づけと掃除をする。これを習慣にする。

そのためには今までの、のんびり習慣は抜きます。掃除片づけが済んでからゆっくりね。それが自分を楽にします。「先にゆっくり」した方が楽なように思いますがそれは逆です。そうやって先にゆっくりしないことを習慣にしていくことです。

しないこと。⬇先にのんびりしない。

寝る前の片づけはわずか数分

寝る前に片づける。これができれば、とても朝が楽です。私は朝一と夜寝る前の片づけを続けています。寝る前にみんなが集まるリビングをリセットしておく。

モノは定位置へ戻すだけです。脱ぎ散らかした洗濯物は脱衣場へ（自分のものは個々でやってもらいます）。

新聞紙は古新聞紙置きへ（最後に読んだ人が持っていく。ご主人しか読まない場合は、ご主人に責任を持って持っていってもらう）。置き場所が、しまう人の動線上にあると、間違いなくしまってくれるようになります。とんでもないところに設定すると、習慣にはなりませんので、よく動きを観察してみることです。

リビングの雑誌やおもちゃなども、持ってきた人が責任を持って片づける。テーブルの上には何もない、ソファーの上にはクッションしかない、足元にはゴミがない。

このような状態にしておくと、朝起きて、リビングのドアを開けたとき、「我が家はモデルルームのよう」とあなたはうれしくなるはずです。何もないってこんなすっきりするんだ！　と感動しますよ。寝る前の片づけは慣れれば数分でできるようになります。

毎日わずかな時間でできるのでやる価値大です！

今日から我が家はモデルルームです!!

リビングをそのままにして寝るとどうでしょう？

朝起きたときすでに「えーーーー!!　これ！片づけるの？？！」って、心が萎えてうんざり。その上、朝はすることが多くて大忙しなので、相当やる気が先せます。

毎日これでは……。

これではいっぱい、いっぱいになって、家族が家を出ていった後はまずはゆっくりお茶してからとか、朝ドラ見てからとか、といった気持ちになるのは無理もないことです。散らかったリビングとキッチンを片づけるのは、パワーがいります。だからね、寝る前のリセットは大事なのですよ。

そしてもう1つ大事なことがあります。自分一人で、片づけることをやめることですよ。どういうことかと言うと家族全員に自分のものは自分で片づけてもらう。自分のことですからね。

あなたが片づけていたのでは「お母さん、あれどこにしまった？」と聞かれ「どこにしまったかしら？」と行先の責任まで背負うことになります。片づけさせられて（？）、責任まで背負うなんて馬鹿らしいでしょ？

ある程度の年齢になったらすべて自己責任です。そのために、「これはここに置くといいよ」とか、「汚れ物はすぐにこのかごに入れてね」とか教えておくことです。

これによってあなたの負担はうんと軽くなります。

子供たちや夫が片づけられないのは、あなたがすべてしてあげているからじゃないですか？

そして家族は、知らず知らずのうちにこれはお母さんの仕事と思うようになっていく……。

それは困りますね。

そうじゃないですよね。

そろそろ手放して楽になりましょうよ。

夜の片づけ（ひと手間）は思った以上に朝のやる気に反映して効果があります。

「これ」はしない！ その④

手を出さない

「自分がやったほうが早い」というのはその通りです。しかし、いつまでもそうやってあなたがしていると誰のためにもなりません。そして、やがて私たちは年を取っていきます。させなかったことで自分への大きな負担になってきます。

しないこと。 ➡**手を出さない。 責任を持たせる。**

今まで全部やってあげていたのなら、本人にさせるよう根気よくまずは上手く手伝ってあげて、あなたの手からこういった片づけをしない方向に持っていきましょう。

家族がそれぞれ責任を持つことで家の中はどんどん片づいていきます。

はじめは言う方も言われる方も面倒ですが、上手に、やる気になるような言葉で上手く言ってあげてください。

やった後の「ありがとう。きれいになったわ」は大切なひと言だと思います。

これがなければ次へ進みません。お互いに気持ち良く！

いつ片づけるのですか？

そうです。あなたはいつか片づけようと思っているのです。だからこの本も手に取ってくださったんですよね。なんとかしなくっちゃ〜。

いつか片づけなければ、このままではいけない、と思っているのです。

しかし、そうは思っているのですが、思っているだけではいつまでたってもその日は来ませんね。

今日も明日も……。

片づけるためのきっかけが欲しいのでしょうか？

しかし、もしかしたら、この先ずっときっかけがなければ、あなたが死んでしまうってこともありますよね？

あなたが死んだならこの片づけは、きっとあなたに一番近い人の手を借りることになるでしょう。

そんな人がいなければ、全く関係ない人が片づけることになります。

「あなたの苦労を一身に背負わされて、嫌々片づけさせられる身にもなってみてください」と言っても、あなたはもうこの世にはいないのです。

「いつか片づける」ってそういう意味を含んでいるということを、肝に銘じておきたいものです。

「これ」はしない！　その5

「いつか片づける」をしない

希望や目標は期限を設けなければ叶いません。

いつかではなく、「今日から3年かけて」とか、「5年かけて」でもいいのです。今日からコツコツ始めてみると、目標までにはなんとかしたい！と明確に思うようになります。

何も動かず「いつか……いつか……」では、結局「いつか……」のままで何も変わりません。

モノを片づけるいい方法

モノが多すぎて片づけ方がわからない！　それでどうしていいかわからなくて動けないのかもしれませんね。

私が今まで片づけてきた方法をお話しします。

私の方法はただ使っていないモノを抜くだけです。

抜くとは、「人に譲る。売る。支援物資として送る。捨てる」。

この4つの方法で家の中から外に出すことを言います。整理整頓しなくていいんです。

整理も整頓もせず、ただひたすら抜いていくことで、そこにあったモノの山が減って、残るは今現在あなたが重宝して使っているモノだけになっていきます。

この方法であちこちの山を崩してみてください。

この方法は整理整頓がいらないので楽に片づけができます。きれいに見せたいとかは、モノがうんとなくなってからずっと後の後です。

1回1回、片づけた後にきれいになったところを整理整頓していくと、今までの片づけのように複雑になって、手が止まってしまうことになります。

人は、片づければ、「片づけてきれいになった」という証をすぐに見たいものです。

そのお気持ちはよくわかります。しかしモノが多い場合、まだそこは求めないことが賢明です。

あっちからもまた同じようなモノが出てきて、「折角昨日整理整頓してきれいになったのにまたこれが出てきた」では、また一から整理整頓しなおさなければなりません。

そうなると、片づけているのに整理整頓に気持ちが行ってしまって、本来の片づけが進みません。

私の失敗はそんなことから始まり、この「抜くだけ法」にしてから成功したのです。

これは成功体験から生まれた片づけ法です。

話を戻して、本来の片づけが進まなくなると、脳の方から「もうやめます」という指令が出てきて、あなたの「片づけたい気持ち」をストップさせようとします。それも「やめなさい！」と迫力満点にです。

整理整頓はずっと後からと決めて、そのまま抜きに専念してください。

そうするとあなたの強い信念が絶対に勝ちます！

「これ」はしない！ その6

片づけと整理整頓を一緒にしない

片づけているのに、いつの間にか整理整頓をしている。
整理整頓と片づけは似ているようで実は別物なのです。
そこが理解できると「整理整頓は後から！　今はしない！」と区別し、
どんどん抜きだけ進めていくことができます。

プラスチック製は持たない

よく、プラスチック製のボックスを揃えてきれいにしまう、家具の中もプラスチック製品を使ってきれいに仕切る、という技が紹介されています。

私の個人的な意見ですが、プラスチックは土に帰らないということで、極力買わないようにしています。仕切りが欲しいときは、お菓子の箱やお饅頭の箱、缶などを使って仕切るようにしています。

しかし、それでさえモノが少なければ、仕切りもいらなくなります。同じモノがたくさんあるなら箱や缶もいるでしょうが、ほんのちょっとなら仕切りがなくても美しくしまえます。

そんな感じで暮らしていますので、中身が減ってくると家具も不要になります。

今では、お嫁に持ってきた家具は1つも残っていません。全部処分しました。我が家にある家具はこたつとテーブルと椅子。夫の書斎には大正時代の小さなガラス付きの本棚1つ。後は寝室のベッドが2つ。私の秘密基地に机と椅子と長椅子が1つ。

こうして書いてみると、家具としての収納棚は1つだけになりますね。どうしても入れ物が欲しいときは、茶色のダンボールの箱では味気ないので形の揃った化粧ダンボールの箱を使っています。それだと貧乏臭くなくて（私見）揃っていますので、まあまあ見栄えはします。

わざわざ高いお金を払って、いずれは捨てるモノを買うのはもったいないと思ってしまう私です。が、私が亡くなれば、モノもきれいさっぱりなくなるようにしたいと思って、プラスチックではなく化粧ダンボールの箱なのです。化粧ダンボールは資源ごみとして出せます。最後を見据えた収納方法を選んでいます。

「これ」はしない！ その7

余分なモノを持たない

プラスチック製品は、企業でも最近使うのをやめる傾向になってきたことは喜ばしいことです。

できれば消費者である私たちも数ある商品の中から、パッケージに何を使っているかでモノ選びをする目を持ちたいですね。

プラスチックごみで海が汚染されていると聞くと、なおさら未来の子供たちのためにも、自分たちの代でしっかり考えて選ぶ！　ということが大切ではないかと思っています。

余分なモノさえ持たなければ家具も不要、収納術も不要、何もかも楽になります。

まずはガラクタからさよなら

抜くか抜かないかを決めるのは、なかなか手ごわいでしょうが、放置しているガラクタは、すぐにでも捨てる判断がつきます。

家の中には入れたくないので、家の外の納屋にしまっているモノもありますね。家の中に入れたくないものは、いらないモノです。

まずはそういったモノからすぐに処分してしまうことです。

いらないとわかりつつ、ほったらかしにしてきたモノ。

そういったモノが「当たり前にここにある」状態から、「ないのが当たり前」な状態にします。

まずは、ガラクタからさよならしていきます。

「これ」はしない！ その８

ガラクタを大切にしまわない

放置しているモノには、美しさはありません。

本当に大切なモノは、丁寧に包んでまたは箱に入れて、ホコリがつかないように、虫がつかないように、大切に保管しているものです。

ガラクタは捨てます。

しまい込む癖を直す

やたらなんでもかんでも収納する癖を直す。これが習慣となって、どこに何を入れたかわからなくなっていることに気づきましょう。

私の知り合いで、なんでも半透明のスーパーの袋に入れて持ち歩く人がいます。布のバッグの中はスーパーの袋だらけで、1個1個入れているものですから、ハンカチを出すにも櫛を出すにも、いちいちスーパの袋を「これかな？」「いやこれじゃない、これだ！」と、袋の口を開けて見ている。

一緒にいる人はたまったものではありません。彼女が探し当てるまで待たねばなりません。それは人の時間まで奪っています。

ちょっと変わった（癖の）例ですが、モノをしまう癖を直すだけで、探し物をすることも人を待たせることもありません。時間は誰にも平等。24時間という時間が与えられています。しかし、一日は24時間ですが人生の長さは人によって違います。80年かもしれませんし、50年かもしれません。なので、時間の価値は人それぞれ異なると言えるのではないでしょうか。

どのように24時間を使うことが自分にとって最高か！

モノをしまいこんで探している時間、もったいないと思いませんか？

収納の仕方やモノが少なければ、その探し物の時間はなくなります。

そして、自分の行動を今一度見直して、無駄なことはやめることです。

「これ」はしない！ その9

しまいこまない

探し物をする時間をなくすためにもいらないものは抜く！
タンスの奥の奥にしまったら最後、もう見つけ出すのは困難です。

買えば買うほど不自由に

モノを手放してみて私が痛感したことは「モノが幸せにしてくれるんじゃない」ということ。モノを買ったとき、買うときの瞬間がうれしいのであって、買ってしまえば喜びはそれでおしまい。幸福感はそれで終了。

そして「この買う」という行為を続けることで、モノが家中にあふれ、そのことで幸せよりもかえって不自由になっていたということ。

買えば買うほど自由を奪われ、「こないだ買ったばかりの靴下、どこに置いたかしら？」「袋から出したっけかな？」と、置いたところも、袋から出したかどうかもわからないこんな状態は、買うことだけに集中しているせいです。

モノがありすぎて、すぐに袋から出して収納しないということは、この商品はいらなかったのかもしれませんね。

買いすぎることでモノだらけになり、不自由な暮らしを強いられています。

しかし、考えてみれば誰かに強いられているのでもなく、それは自分が招いたことですので、ここから先は家の中を片づけて、モノでいっぱいの不自由な暮らしからおさらばしましょう。

「これ」はしない！その⑩

衝動的に買わない

モノを見たら衝動的に買うということ。この習慣をやめる良い方法は家の抜き作業です。

片づけていくとなんでこんなに同じモノがたくさんあるのかと思い知らされます。

しかも袋から出していない新品のモノがあちこちから出てくる。また袋から出してはいるけどほぼ新品。

それらを抜くなんて。しかもまだまだ使えるものを捨てるのが苦しくなってきます。

しかしこの苦しさが大事なのです。痛いほどの苦しさを味わいながら抜く。そうなってきたら効果が出てきます。

買い物に出かけたとき、これを買ったらまたあのときのように捨てるのが苦しくなる！　と……衝動買いを抑える自分が生まれます。

ですから、抜きの効果は買うことを躊躇させるのですが、中途半端な抜きではこの効果は発揮されません。

徹底的に抜くことです。

そうすると、うかつに買うということもなくなってきますよ。

飾り物にホコリがいっぱい！

飾ってはいるけれどホコリだらけ！

額の桟にも、小さな出っ張ったところにもホコリは積もります。積もったホコリでせっかくの飾り物が台無しです。

アートフラワーなども、いったんついてしまうと布物はホコリを取るのに厄介です。

特に個室であるトイレの飾り物はご注意！　お客様がじっくり住人の目を気にせずじろじろ凝視できるところです。掃除が苦手な人は、トイレにだけは決して飾り物を置かないようにしましょう。

トイレは着ている服を上げ下げするのでホコリがたくさん出ます。そしてトイレットペーパーの粉も引き出すときに舞い上がります。普通の部屋よりも狭い上、トイレゆえに服の繊維がひらひら飛びます。

大家族のところは特に注意です。トイレに座って自分の好きなものをじっくり見てみたいでしょうが、トイレに飾るのはやめておきましょう。飾るのなら、毎日ホコリを払うこと。

私は、極力仕事は増やさないたちなので、どこもかしこも飾り物はいたしません。

ホコリを払うぐらいちっとも苦手でない人は、飾るのは全く問題ないと思います。

掃除が苦手な人はこの癖は絶対やめましょう。ホコリがあるせいであなたの運気も、あなたの評価も下がります。

ここだけは飾りたい！　という場合は、そこは必ずホコリを取るよう掃除を毎日きっちりいたしましょう。

「これ」はしない！ その11

飾らない

「掃除するのが苦手なら飾り物を飾らない」と決める。
そうすると余分な仕事が生まれません。
仕事を増やさない！　むしろ減らしてこそ楽になります。

ホコリ
いらないモノ
ほったらかし
GOAL

第2章

「これをしない!」だけで家事は簡単!

家事を単純にするコツ

家事は単純に考える。
やってみたら案外できた！　っていうことありますよね。
単純にやってみたらいいんです。そうなんです。
やる前に自分で複雑に考えて、「できない！」と決めつけてやらないのは大損です。
『為せば成る 為さねば成らぬ何事も
成らぬは人の為さぬなりけり』　上杉鷹山（米沢藩主）

やってみればできるが、やらなければ何も始まらない、何事も。そういうことですね。1行目はよく口にしていますが、2行目は私はすらすらとは出てきません。忘れがちです。でも2行目に力が入っていますね。

単純にただ不要なモノがなくなれば家事は複雑にはなりません。

使っていないモノはどんどん外に出す。

不要なモノをそのままにし、複雑にしないことです。

「これ」はしない！ その12

家の中に取り込まない

家の中を簡素化する。すると家事は簡単になります。あれもこれもと家の中に取り込んでいると、たくさんモノがあればあるほど手入れに時間がかかり、収納場所はいっぱいになり、モノの出し入れが面倒になります。どこにしまったのかもわからなくなり、どんどん手に負えなくなり、複雑です。モノは簡素に。モノは持たなければ持たないほど家事を複雑にしません。これさえしっかり頭に叩き込めば抜きは大丈夫じゃないかしら。

便利な最新家電のワナ

「これを買ったら便利かも」と思い買う。家には、古いけど同じような現役選手があるのにもかかわらずです。しかも現役ですのでまだ動きます。「使えるのに捨てるのはもったいない！　だからちょっと押し入れにしまっておこう！」

こんなことをしていたら、モノはどんどん増えていきます。新しいモノを買っても、今までのモノは処分していないのですから、増えるのは当然です。

単純に、モノの入れ替えはモノが増えませんが、抜かなければ必ず増えます。

「これ」はしない！ その13

使えるなら新しいモノは買わない

昨今、ウルトラ級に新しい家電が次から次に出てきます。

その都度、買い替えていたら大変なことになります。

少し変わったぐらいでは、買い替えはしないことです。

家電のグレードアップに過剰反応しない。昔の単純なモノほど長持ちするってこともあります。

ちょっとずつ進化しているだけなのに新しいモノが欲しい！　しかし古い方も、もったいない……。ここでもったいないと思うのであれば、新しいモノは買わないことです。新しいモノがどうしても欲しい場合は、今あるモノは必ず手放すこと。そうすれば増えません。

もったいない精神が旺盛なあなたであれば、買い替え時はモノが壊れたときがベスト。

新しいモノを取り入れるならば古いモノは潔く手放すこと。

何を買えばいいのか？

そんなに必要でもないのになんとなく可愛いからとか、１００円で安いからとかで買い物はしないように。

本当に「必要だから買う」、という買い方が本来の買い物です。

欲しいモノはなんでも躊躇せずに買っていたら、いざ家族が事故に遭った、病気で急に入院しなければならなくなった、そんなときどうしますか？

お金は計画的に使い、計画的に貯めておかないと、人生何があるかわかりません。お金こそ、備えあれば憂いなしです。

子供なら必ず、やがては中学、高校、人によって大学と進んでいきます。

しかも、３・３・４とお金がいる時期も決まっていますので、計画を立てないといけません。
ぼやーと買い物をして散財しているとお金は貯まりません。

「これ」はしない！ その14

ぼやーと買わない

買い方はお金の使い方なので、もしあなたがぼやーと、なんとなくモノを買っているのなら、「本当にいるモノ？」「今買わなくちゃならないモノ？」「来週でもいいんじゃない？」と、買う時期をいつにするかを考えるだけでも全く違ってきます。

今いるのか。

明日でもいいのか。

来週でも大丈夫なのか。

お金が減るスピードが変わってきます。月末になったらスッカラカンだったのに、そう考えるだけでお金が残ってきだします。一度やってみてください。

私はお金大好きですから、お金を残す一番簡単な方法がこれだと思いました。

いるものは必ず買うのですから、節約とは違うので辛くないですよ。これを1カ月2カ月とやっていくうちに自然と、「今買わなくても大丈夫！」とわかるようになってきます。

引き出しの中には何があるの？

一体、家の中にどれぐらいのモノが押し込まれているのでしょう。どこか引き出し１つを片づけてみると、開かずの引き出しなら、中身全部が不用品と言えるでしょうね。

でも、見ずにごみ袋にザーッと入れてしまわないように。

どんなところも必ず点検します。

商品券やコイン、銀行の封筒にうっかりへそくりを入れてそのままになっていることもあるかもしれません。

また探していたものが、そこにあるかもしれません。見つかったとき、これがまさか！　こんなところに!!　な喜びですね。

宝くじにでも当たった様なラッキーな気持ちですね。

あとは確認して、不要なモノはきれいさっぱり処分してしまいましょう。

たった1つの引き出しを片づけただけでも気持ちはすっきりします！

これが大事なんです。次に進む大きなきっかけになります。そのまま次へ動き出しましょう。

「これ」はしない！　その15

無駄な買い物はしない

片づければ片づけるほど、抜くモノばかりだと、無駄な買い物をしてきたことがよくわかります。無駄な買い物は浪費癖にも通じます。

その癖は直さなければ、あなたもしくはあなたの家族の一生にかかわってきます。本来、本当にいるところにお金を回せるはずが、無駄な買い物をすることで回せなくなります。

浪費癖は人生を壊すと言っても過言ではありません。これからどんどんいらないモノは抜き、家を整えていけば浪費癖も直ります。

片づけでお金は貯まる？

浪費癖も、お金が貯まらないことも、片づければすべてが解決します。「嘘でしょ？」とおっしゃる方がいるかもしれませんが、嘘じゃないですよ。入ってくるお金は一緒でも、出ていくお金が少なければお金は貯まります。家の中の不要なモノを処分するのは本当に骨が折れます。途中で挫折しそうになります。

そこをクリアして片づけられれば「もう二度と無駄遣いはしない」と、心が決まるはずです（不用品が多ければ多いほどその思いは強くなります）。

無駄なモノは買わない！

1カ月30万円儲ける人と20万円しか入ってこない人ではおのずから同じこと

をしていても給料が違うので、貯まるスピードは違ってきます。

でも30万円もらって使いたい放題で暮らしている人と、20万円で質素ではあるけれど、きちんと生活してやり繰りしている人とでは、逆転だってあり得るのです。

給料		使ったお金		残金
30万円	−	29万円	＝	1万円
20万円	−	18万円	＝	2万円
30万円	−	31万円	＝	マイナス1万円

お給料をいくらもらえば豪勢な生活ができるのかどうかということですが、20万円であっても給料に見合った暮らしをすれば、幸せに暮らしていけるというお話です。

お給料が少なくても、貯金もして楽しんで暮らしていける人もいます。
いただいた金額をいかにやり繰りして貯金していくかは本人次第ですね。

名もなき家事をなめるな

主婦は名もなき家事が山ほどありますよね。

後から後からどんどんどん追加されて、これで終わりなんてありません。

「昼間何してる？　昼寝でもしてるの？」なんて、たわけたことをのたまっていたら痛い目に遭います。

主婦の仕事をなめちゃいけません!!

得意不得意はあっても、嫌々でもやらねばなりません。縫いものが苦手でも子供の体操服のゼッケンは付けてあげねばなりませんし、小学校に上がったときなど上履き入れや体操服入れも作らねばなりません。

どうしてもできないときは「買う」という裏の手も使えますが、まずはそういった否応なしの名もなき仕事もせねばなりません。

子育てだけではなく、ご近所の方とも上手くやっていかねばなりません。人と上手くコミュニケーションを取れる性格なら難なくこなせますが、苦手な人にとってはこれまた苦行と言えます。

主婦がお菓子を食べて朝ドラ、昼ドラばかり見ているなんて思っていたら、大間違いです。

名もなき、終わりなき家事のせいで自分の時間を上手く取れない。四苦八苦して、やっとわずかな時間を自分のものにしています。

そこをわからず、偉そうなことを言っていると、いつか夫婦の分かれ道に至るかもわかりません。

私たちも暇じゃないことを、いちいち少し大げさに大層に言うことも必要なんじゃないかしら？

「今日はね、大変だったのよ。あれとこれの用事で夕方までかかったわ！」

ってね。

できれば折角ご縁があって一緒になったのだから、わかり合って共に白髪の生えるまで仲良くやっていきたいものです。

亡くなっても、もう一度あなたと暮らしたいと言えるほど仲良く暮らせたらいいですね。

「これ」はしない！ その16

黙ってしまわない

苦手なのであなたやってみてくれる？　と頼む。

しんどいことはしんどいと必ず伝える。

伝えなければ何を考えているのかわからない。

今まで言わなかったけど、私は辛かったという話もした方がいい。そこから理解してくれることになったという方もありました。なんでもやってみたらいいのよ。口に出さなきゃわからないわよ。いい方向へ行くよう頑張ってみましょう。

調子の悪い日は何を食べる？

そんな日は誰だってあります。毎日同じ絶好調のテンションなんてあり得ません。身内に悲しいことが起きたとき、不安なことがあったとき、誰かのことを心配したとき……「それは大丈夫！」とリセットできることならいいのですが、「これはどうも今日のところは乗り越えられない」というとき、そんなときこそ外食したり、出前を取ったりして、まずは食事作りを減らしましょう。

いえ作っていた方が気がまぎれるというのであれば、作られたらいいでしょうね。

「これ」はしない！その⑰

無理をしない

エネルギーがわいてこない日は無理することはありません。無理せず自分をいたわりましょう。そのまま突っ走ってしまうと先で不具合が生じたりします。

泣きたいときは泣くことも大事なことです。自分を助けてあげてください。

私もね、無理をしていたときがありました。

無理をするとね、心が閉ざされるのです。

自分が「いや」と思うことはしないことです。

台所が狭いから片づかないの？

確かに、狭かったら普通に考えると片づかないですよね。

狭いなら狭いなりのモノの持ち様にしないと、ずっと使いにくい台所で作業をしなければなりません。使いにくい、使いにくい、と文句を言うばかりではどうにもなりません。

楽に使えて動きやすくなる方法を考えた方が、良さそうではないですか？

台所用品は凹凸があって形がいびつで、布や紙のように、平らではありません。収納もたたんでしまうことなどはできません。

ですから形がバラバラでしまいにくいですね。数はどうですか？　たくさん持ちすぎていませんか？　大きなお屋敷と同じだけ持っていれば、モノがごちゃごちゃで大変です。

小さな台所ならそれなりに減らさなければなりません。狭いキッチンにもたくさんの利点があります。むしろ私なんかは狭いキッチンの方が好きです。モノを減らして狭い利点を生かす。

後ろを向いたらすぐに食器が手に取れる。

シンクの下に手を伸ばせば、欲しい鍋がすぐ取れる。引き出しにはレードル類が並び、みんな少しだけにすると取り出しやすいし、すぐに片づく。狭い方がかえって動きが少なくて済むので楽です。

モノが少ないほど使いやすいですよ。私などは凝った料理はしませんので、蒸し器や圧力鍋といったモノは持っていません。ボールは１つも持っていません。

柳宗理のざるやボールにあこがれますが、これで善しです。ないモノはないままでなんの不自由も感じません。

たくさんのモノを持っているとしまえず、キッチントップに置きっぱなし。狭いと言われていた台所が、なおさらモノで狭くなっていては台所に立つのも嫌になります。

使っていないモノを見極めて、「いるだろう」とか「いるかも？」などは箱に入れて別のところにしまい、いるときに取り出せばいいんじゃないですか？

まずは使っているものだけを１つ１つ見極めて収納していきましょう。

「これ」はしない！ その18

モノを増やさない

出しておくのは家族の人数分。

まずはスプーン1本から考えてみてね。

ちなみに、おばちゃまは二人暮らしなのでスプーンは2本よ。もちろんカレーを食べる大きなスプーンもフォークもね。全部2本ずつ。お客様用は別の小さな箱に入れています。常時使うモノだけを使いやすいように人数分だけ用意しています。

片づかないのはモノが多いせいです。減らせば片づきます。

そうすれば楽に動けるようになって台所に立つのが苦になりませんよ。

うちの選抜メンバーは…

家事は誰がするの？

子供が帰ってくる時間、夫が帰ってくる時間、みんなバラバラでキッチンが片づかない。その都度片づけるのは疲れますよね。

そのたびに一人で片づけていたら大変です。

子供の年齢に合わせたしつけは必要です。食べたものをシンクに下げることぐらいは幼稚園児でもできます。

それを高校生にもなって食べてご馳走様で、ほったらかしにさせてはいませんか？

全部お母さんの仕事？　そうじゃないですよね。

よくテレビで食べっぱなしで自室に戻るシーンを見かけますが、私は違和感を覚えます。「お母さんは家政婦じゃないです！」って言いたい！

食べた後の食器ぐらいはご馳走様～と自分で片づけさせましょう。

食洗器があれば食洗器に入れてもらう。

入れ方がおかしかったら、「ここにお皿を入れてね、ここは茶碗」と1回教えれば、こんなことぐらいすぐに覚えてくれます。ガンバレ！　お母さん！

家事全部をお母さんの仕事にしてしまわないことです。

旦那様も一緒です。みんな自分が食べたものは自分で下げてもらう。

ごんおばちゃまのところはしてるの？

ハイ、してくれていますよ。うちではよく洗い物までしてくれます。でもそこまで急にお願いするのは相手も抵抗があると思うのよ。

定年になって家に旦那様がいるようになったら、そんな話を持ちかけてもいいだろうけど、現役で働いている間はこちらでしてあげた方がいいと思うのよ。

でも、共働きの場合はそうはいきませんね。

片方にばかり負担をかけると、そのうち離婚！　という話にもなってきます。

やはり共に働いているのですから、フィフティフィフティの関係じゃないと駄目ですね。

「これ」はしない！その19

自分を追い込まない

奥さんなんだから、お母さんなんだからと、知らず知らずのうちに自分を追い込んでしまわないように。いい奥さん、いいお母さんになることも大切なことかもしれませんが、家族で助け合い、みんなで協力し合って暮らしていくことは大事です。

一人で何もかも背負い込まない。一人一人が自分のことを自分でできるよう手放していきましょう。そうすることで子供も夫も一人立ちできるようになります。そしてあなた自身も楽になります。

それがいざというときに力を発揮することになります。

冷蔵庫の中身は一目瞭然に

冷蔵庫の中身は一目瞭然がいい。
そのためにも、冷蔵庫はぎっしり詰め込まないことは言うまでもありません。
奥に入れていると、忘れて干からびてしまったり、賞味期限が切れてしまったりします。

とにかく冷蔵庫に入れたら安全！　と思うのはやめましょう。

冷蔵庫に入れているモノは、早め早めに1つ残らず食べる。腐らしたりしてしまうと、自己嫌悪ですよね。詰め込み過ぎは厳禁です。

買ったモノを腐らしたりすることが多いのなら、「食べるかもしれない」という品物は買わない。

1．食べたいものだけを買う。

2．いつ食べるかも決めて買う。

「作るかも、しれない」は、作らないかも、しれないです。そういったモノが残って野菜も肉も腐らしてしまいます。「いや冷凍するから大丈夫！」なんて言っても冷凍も永遠ではありません。新鮮なモノを新鮮なうちに食べ切れる量だけを買う。もったいないので、いつ料理するか決まっていないモノは買わないようにすると無駄にすることもなくなります。

私はこの方法で買い物をしています。こう考えてから無駄がなくなりました。やはり「なぜ？」と思うことが大事なんじゃないでしょうか。

理由がわかれば、その対策を講じることができます。

食べられない子供たちもいます。

難民の方もたくさんおられます。食べ物は決して無駄にしては駄目ですね。

「これ」はしない！その20
安いからと買わない

安いから、多い方が得だからと、束になった野菜などを使い道をはっきり決めないで買うと、かえって使いきれず捨てることになってしまいます。捨てなければならなくなったことに自己嫌悪。そして捨てる手間もかかりイライラもします（実はお金を捨てていることに気が付きますね）。

はじめから必要な分だけ買えばそんなことを思わなくても済みます。少人数家族は特に「束になった特価」に飛びつかないようにね。

必要なモノしか買わなくなるとお金も少しずつ残っていきます。

冷蔵庫は計画的に使う

新聞によりますと、「食品を捨てる！」のは若いご家庭より、お年頃のご家庭の方が多いそうです。

私は最初、意外に思いました。何故なのか考えてみました。

特に年齢がいくと、「食べたい！」と思って購入しても、体の状態で食べたくなくなったり、作るのが面倒になってモノを腐らしていることがあるのじゃないかと思います。

そして、買ったことを忘れてしまう。

それに買い物に出かけるのも辛くて、ついつい多めに買ってしまって駄目にしてしまう。私の友人の話です。お母さんが豆腐を次々買って腐らして、冷蔵庫の中には腐った豆腐がいっぱいあると嘆いていました。

どうしたらこんなことがなくなるのでしょう。大きな問題です。できるだけ少なめに購入して、冷蔵室だけではなく冷凍室も新鮮なうちに活用するようにしたいものです。


お年頃の人ばかりでなく、若い人もやはり冷蔵庫は計画的に使いましょう。大きな冷蔵庫はたくさん入ります。逆に大きいから、いくらでも入れてしまう、ということもあるんじゃないかしら？

大きけりゃいい、というものではないと思います。そこで提案です。次の買い替え時には、少し小さめの冷蔵庫にするというのはどうでしょうか。

食事の洗い物を楽にする方法

食事は生きていく上で大切なことです。食事の度に洗い物をしなくてはなりませんね。

洗い物がシンクの中にいっぱいになっていると、ついやりたくないと思うものです。

これは洗うモノが多くて、見ただけで圧倒されて後で洗おう！　とか、後回しにしてしまう状態です。

人は誰でも面倒なことは後回しにしてしまいたいものです。

しかしこんな風にしてみてはどうでしょう？

そんなことをなくすためにもできるだけ食器を抜く。食器はたくさん持たない。たくさんあれば洗わずとも新しい食器を使える。そのことが洗い物を増やす原因になります。食器を減らすだけで片づけるのも簡単になります。これぐらいなら「今やろうかな」と、やる気分になるはずです。

たくさん食器を持つことで面倒なことをしていたのです。食器を厳選して持つと、数が少なくなります。だから、使ったままほったらかしにしていると、使える食器がありません。ですから自然とすぐ洗うようになります。食器が少なくなれば洗い物も楽に済みます。そして簡単になったことで他に時間を回せます。

モノを減らせば時間が増える!! そして楽ができます。

食器に限らずモノをたくさん持てば、それだけ時間が取られるのです。

「これ」はしない！ その21

お皿を増やさない

食器棚にはたくさんの食器。

よく観察してみると、使っているのは案外同じモノばかり。それなら食器の数を減らしても大丈夫ですね。

棚にはいつも使う食器だけを置く。これで断然、家事労働が軽減されます。

「しない片づけ」はこうしてモノを減らし、労働を減らしていきます。

第3章

「これをしない!」だけで 毎日は幸せ!

モノは必要最小限に

モノを少なく持つと生きやすいというのは、やった人なら全員が口をそろえて言います。

それは何故か？

モノの数が減れば管理がしやすく、掃除や片づけにほとんど時間がかからなくなるからです。その上、モノが減ったことで頭の中が整理整頓されて、もやもや霧が晴れたようにすっきりして、迷いもなくなります。

しかし、中途半端にやってもこれは味わえないということも言えます。片づけたけれどまた大層散らかってきた！　片づけても片づけてもこうなるので、片づける意味に疑問を持ってしまうってことありませんか？

やるなら徹底的にやってみることです。徹底的に片づけたら答えはしっかり出ますよ。やり方はいろいろあります。

私は一気にすると疲れるので、1日30分と決めて使わないモノを抜いていく。抜くだけで整理整頓まではしないというやり方を貫いてきました。

それでは手ぬるい！

私は一気にやりたい！

という方は、数日で一気にやり切るという方法もあります。

どんなやり方でやろうと、決めて貫けば到達するでしょう。

私のやり方はゆっくりじっくりなので、疲れないけれど長い時間がかかります。

時間はかかりますが、じっくり何度も見極めることができるので、納得して片づけることができます。

どの方法も良い点としんどい点があります。そういう中で、自分に合ったやり方でやっていかれれば良いのではないでしょうか。

片づけはブームで終わらせたら駄目だと思います。

生きている以上モノは入ってきます。入ってきたらその場で使うか使わないか決めて、行先を決めます（捨てるか取っておくか）。

つまり生きている以上はずっと片づけをしなくてはならないということです。ご飯を食べたら後片づけをしないといけません。洗濯物は洗って干して乾けば取り入れなければなりません。そんな無数の片づけも、モノが少なくなって必要最小限になれば、後は簡単に済ますことができます。いるモノかいらないモノか、山ほど処分してきたなら、これからの生活の中で、もう頭の中は何が必要で何が不要かちゃんと区別できてきます。

これから先はモノが減って本当に生活が楽になってきます。

どこに何があるかわからない状態から必要最小限にすることで、モノに振り回されることなく、自分の視点でささっと決めることができるようになります。

「これ」はしない！　その22

「かもしれない」はなし

とにかく「要・不要」の視点でモノを見るのではなく、「使うか使わないか」で抜くか抜かないかを決めます。「かもしれない」はなしです。

当たり前の日常こそ幸せ

結婚式とか、思ったところに就職できたとか、そういった大きなイベントはもちろん幸せには違いありませんが、日々無事に暮らせることこそ幸せだと思います。

交通事故に遭ったとか、病気して入院したとなると途端に非日常になって、「治るだろうか？」「元に戻るだろうか？」と不安になります。

そんなとき思うのが何もないこの日常がいかに幸せかということですね。

何もないとはそんなこと露ほどにも思えないのですが、何かあったときには本当にドンとこたえます。

私も２０１８年の年末に左手の手術をしました。

手術の前はとても不安で不安で、「失敗したらどうしよう」「このまま手術せずにおこうか？」と随分悩みました。

不安なときは家族に伝染します。

伝染すれば、みんながそのときは幸せではないですね。

「これ」はしない！　その23

当たり前だと考えない

人は、元気に暮らせていることが本当の幸せなのだと思います。

ただ、それが当たり前だと思ってしまうと、「幸せ」に気づかず、もっとほかの幸せを求めるのかもしれませんね。

健康は決して当たり前ではないです。

健康は最高の幸せ。

病気になったら本人はしんどい、周りも心配。

その上、お金がかかって支払いの心配もせねばなりません。

ですから健康はとてもありがたいことなのです。

しかし、いくら言っても、いかんせん病気になってからしか、このことはわからない。

健康はありがたいことだと、少し頭に置いていただけたらと思います。

持病を得たことを、私は不幸とは思いませんが、一生使うであろう病院代と薬代がなければ、もっと有意義に他に使えただろうと思います。

また持病によって引き起こされるしんどさは、別に味わう必要もなかっただろうと思っています。

やる気がでる魔法の言葉

林修先生の「今でしょ！」は、本当にいい言葉です。

何か躊躇した時でも、私は「今でしょ！」を心の中で連発します。

今しかない！　そう思うことにしています。

ですから、何か頭にふっと浮かんで来たら「そうだ！　今でしょ！」と、すぐに動くことにしています。

こんなに自分にピタッときた言葉は、今までありませんでした。よく、明日でもいいんだけど（美容室に）行こうか行くまいか悩んだとき、「今でしょ」と行く。

決めたら「帰りに図書館に寄って、郵便局にも寄ってこようかな」と、いろいろ用事もついでに済ますことができます。

もし（美容室に）行かなかったとしたら、図書館にも郵便局にも行かないことになります。このようにさっと動くことで、それに伴って次々と用事が済むことになります。

「やる！」という1つの決断がいい方向に行くことになりますので、用事は次々と終わっていきます。

「これ」はしない！ その24

すぐ動かない

「やる気スイッチはどこにあるの？」と探してみても、どこにも見当たらない。やる気スイッチは多分、自分の中にあるものなんでしょうね。だから自分をやる気にさせる、勇気づけられる言葉を持つといいですね。もし、何も思い浮かばないなら「今でしょ！」はいかがかしら？

また今度にしようと思うと用事は不動のまま。

やるなら体が動けるうちです。

「今でしょ！」と動いてみると、体が軽くなって動ける体質に変わります。やることをやっていけば物事がスムーズに行きますので、知らず知らずのうちに前向きになり結構悩み事も吹っ飛びますよ。

今日せずに明日これをすると想像してみると「やっぱり面倒くさいな～」と思う。そうしていくうちにどんどん後回しになってしまうってことになりはしませんか。

それなら今日しといた方が一歩でも前に進んで、気持ちが軽くなるんじゃないかな？

うまい話には気をつけて

うまい話には「今でしょ！」は例外としています。

お金が儲かるとか、お金にまつわるようなことはすぐに判断してはいけませんよね。

お金はじっくり考えてからどうするか決めるようにしないとね。

儲け話は眉唾物です。そんなに儲かるんだったら「あなたにだけ教えます」的な話はおかしいです。儲け話は誰にも教えず自分だけこっそり儲けるものでしょ？　それなのに電話で儲け話とかありえないです。

また訪問して来ての個人的な儲け話もおかしいです。

「こんなに儲かるんです。でもお世話している僕たちにはこれは運用させてもらえないのです。お客様がお得なようにとの会社の方針なんです」なんて言いましてね。そんな馬鹿なね。そういう会社あります？

うまい話には乗らないことです。

また、セミナーに連れて行っての洗脳商法もありますので気を付けましょう。

「これ」はしない！ その㉕

儲け話に乗らない！

欲張って儲け話に乗らない！

儲け話はまずは信用しないことです。必ずうまい話の後ろには何かが潜んでいます。

お年頃になってからのうまい話は、特にいいかどうか判断がつきにくくなります。私は、新たなうまい話は聞かない！ と決めています。今あるお金を増やすことより、予定以上に減らさない方が大事かなと思っています。

予算を立てて暮らしていると大体、年にいくら預貯金が減っていくのかわかります。増えていかないのが現実ですから、できるだけ予算に沿って暮らせれば増やすことを考えなくてもいいと思っています。

儲け話に耳を傾けず堅実に暮らしていくことが、平和で心やすらかです。儲け話はハラハラドキドキです。今時、そんな調子のいい話はないと思っていいと思います。

「疑う」ことで自分の身を守る

普通「疑う」って言葉はあまり良くないように思いますが、実は「疑う」ことは自分の身を守ることにもなります。人を信用してしまって自分のこと、家族のことをペラペラしゃべって、貯金の額までしゃべってしまう。つい最近、貯金も取られ、挙句に命まで取られたニュースが流れていましたね。

高齢社会になってお年頃の方が多くなり、「オレオレ詐欺」や「還付金詐欺」、国税局だと偽って一般人にはドキッとするような裁判とかなんとか書かれたハガキが届き、なんとかお金をまきあげようとする悪い輩が大勢います。

疑わないというのは非常にまずいことです。「それは本当なの？」って疑ってみて誰かに相談してみる。調べてみる。パソコンができるなら、調べると大概のことはヒットします。

ニセの国税局のハガキの件もネットにはっきり出ていました。我が家に届いたのと全く同様のハガキでした。突然のハガキに驚き、国税だと思い込み、記入されたところに誘導され電話したら大変です。飛んで火に入る夏の虫。ではないけれど、下手な鉄砲も数撃ちゃ当たる的に、あっちこっちたくさんハガキを出しています。

その中で一人でもヒットしたら儲けものと思っているのです。そんな手には乗らないようにまず調べる。調べられなかったら誰かに聞く。こうしてあなたに話している間にもまた新しい手口が現れているかもしれません。消費生活センターの相談窓口がありますので、こういった不安なことはまずは相談した方がいいです。消費生活センターは各都道府県にあります。最寄りの消費生活センターに電話してみましょう。わからない場合は、消費者ホットライン１８８に電話すればガイダンスが流れて教えてくれます。

「これ」はしない！その㉖

簡単に信用しない

あなたは簡単に人を信用していませんか。

こんなことを申してはなんですが、人を信用しないこと。

すべての人を信用しないのではなく、この人怪しいと疑ぐることは大事です。小さい子供に「知らん人について行ったら駄目よ」と昔から言うよに大人になっても同じです。知らん人にいらんこと（大事なこと）をペラペラ話すことも、家に入れても、いけません。

自分の時間のつくり方

人に流されないことは非常に大事なことです。友達に誘われたら断れないとか、子供にも駄目と言えないとか、そういった自分の意思をはっきり伝えられないと、自分の時間はどんどん減っていきます。

やりたかったことができない。やろうとしていたことへの一歩が、踏み出せない。

「今日は、お買い物に行ってゆっくりお洋服も見たかったのに、お嫁さんからの頼まれごとに、嫌と言えず孫を見る羽目に……」

「孫のことだから私が面倒見ないと、他に見てあげる人もいないし……」なんて、自分の都合を優先できない優しいあなたは、きっとどこかでストレスを感じているのではないでしょうか。
「今日は駄目なのよ、用事があってね。その代わり明日は大丈夫よ。明日はどう？」と、提案できるあなたであったら、どんなに楽かしれません。相手も「それなら明日お願いします」と言うかもしれません。なのに、言えずに黙ってしまう。

それでは自分を殺してしまっています。しっかりNOのときはNOと言いましょう。

NOと言ったら何か思われるとか、私が聞いてあげないとか思わなくていいのです。人の気持ちはお互いにわからないものです。もしあなたが断ったら、ほかにお願いする人を見つけるかもしれません。

他人ばかりを優先していると、自分の人生を振り返ったとき、「何もできなかった」とため息をつくのではないかしら。

食事だってそうです。「ランチに行かない？」と誘われて、そんなに行きたいとは思ってないのに、義理で行こうとすると後が面倒です。

すぐに「残念だけど、今日は用事があって行けないわ」とお断りすればそれで済んだのに。

行きたくもないのに行くと、話題も合わないし、場違いな雰囲気にのまれたりと、しんどいことこの上ないでしょう。

「これ」はしない！ その27

悩まない

はっきり「無理なときは、無理！」と言った方が、逆に「この人断ることもあるんだ……」と思ってもらえていいじゃないですか。

また、「今日は無理」を何度か言っているうちに、ついには相手方も誘ってこなくなります。嫌な人と行かなければ、無駄な時間と無駄なお金を使わなくて済みます。その時間を有効に使って、片づけでもした方が有意義ですね。

お茶も、ランチも、行きたい人と行くのがいいですね。

ずぼらはもってのほか！

ずぼらという言葉からして好きではありません。

「ずぼら掃除」「ずぼら片づけ」、もってのほかです！

できれば向き合うということが、好きです。人にも、モノにも、場所にも、いい加減な気持ちで付き合いたくない、というのが正直な気持ちです。

いい加減なことをしていれば、人は離れていきます。

モノも可哀相なことになります。大事に使えば長持ちするであろうモノが、ずぼらなせいで、ほったらかしにされ、使えなくなることにもなります。

下手くそとずぼらは違います。

「掃除が下手くそでね。でもきれいにしたいと、努力はしているのよ」。そういう人は、一生懸命掃除していれば、そのうちそこそこになってきます。もっと頑張れば、上手になってきます。

きれいにしようという気持ちがあれば、きれいになっていく。

しかし、ずぼらは実はできるのにいい加減なことをするから駄目なのです。いい加減な仕事に思いはありませんので、一向に上達しません。

一方、なんとかしようと頑張る人は、みるみる腕をあげていきます。

掃除1つでも、全く違ってきますので、何事においてもそうではないでしょうか。

「これ」はしない！　その28

いい加減なことはしない

ずぼらはいけません。

どうせやるなら下手でもいい！　一生懸命にです。

どんな小さなことでも、適当な仕事をしていると、あなた自身が適当に見られるようになります。

掃除や料理に手を抜かない

「手抜き」。

こちらもいい言葉ではありませんね。上手にできないかもしれないけれど、それは手抜きではなく、要領を得ないとか、頑張っているけれど上手くできないとか……。それでも頑張ろうとする気持ちには努力がうかがえます。

毎日掃除をする。毎日箒を出したり、雑巾とバケツを出して、水を入れ雑巾を絞る……そうするということ自体が努力です。

いつか必ずそういった努力は実を結びますが、手抜きに何が残るのでしょう？

頑張っているあなたに、応援する人はいるけれど、手抜きばかりしている人に、応援する人はいないでしょう。

手抜きして楽をしているうちに、どんどん信用をなくしてしまい、大きな仕事は任せてもらえず、まわってくるのは小さな誰にでもできる仕事ばかり……。それでは自分でさえも、嫌気がさしてくるのではないでしょうか。

手を抜かず真摯に向き合う姿にこそ、人は感動して手を差し伸べてくれるのだと私は思います。

私は頑張っている人が大好きです。

かつてネット上で片づけ隊の皆さんと一緒に片づけていました。そこでの皆さんはなんとか頑張ろうと、とにかく一生懸命でした。そんな姿を見ると、私にできることがあれば応援したい！　と思ったものです。

頑張っている姿は誰が見ても美しいものです。

頑張ろうとしている姿には人を動かす力があります。

「これ」はしない！その㉙

嫌々しない

掃除や片づけをいい加減にするとき、自分でも嫌々やってるなと思うものです。嫌々やるのではなく、手を抜かず一生懸命していると必ず自分に返ってきます。

昔おばあちゃんに言われました。「おてんとうさまは見ているからね」と。思い出すと、背筋がピンと伸びます。

※小学生になったばかりの頃、おじいちゃん、おばあちゃんに預けられていたので、そんなことをいっぱい記憶しています。

習慣が人生を変える

今まで、ぐずぐずしていたことをやめる。やるべきことを決めて、毎日同じことをやり続けるとどうなるか？

絶対あなたは変わります。

習慣はそれほど人の生活を変えます。

ぐずぐずしないというのは、ちゃっちゃとするということですから、時間の有効利用ができますね。これだけで生活は一変します。

習慣の力は計り知れない。習慣とは恐ろしいものなのですから。

だからこそ、良い習慣を持つことです。

子供に「宿題をしなさい」と言うと、「後で」と言ってなかなかしない。今は遊びたい一心です。しかし学校から帰ったらすぐに宿題を済ませ、それから心行くまで楽しく遊ばせる習慣を身につけさせると、自分のすべきことを先に済ませた子供は、先にするべきことをする子になります。

「後で」と言った子供は後回しにしたものだから、勉強が夜になってしまい眠くなって、勉強が嫌いな子供になってしまわないだろうかと心配です。

「後で」は、大人も子供も良いことはありません。

「これ」はしない！ その30

「後で」はなし

どうせしなければならないことは、子供でも大人でも一緒です。
「後で」は、なしにしましょう！

今日の計画を立てる

寝る前に大体の計画を立てて、当日の天気を見て決定する。

大事なのは「今日何をするか」です。

今日、やるべきことを決めたら、少なくともやるべきことだけは必ずします。例えば、「今日は、市役所に行って、住民票を取ってくる」と決めたら、必ず取ってくる。なんだかんだと用事をしていたら、行く時間がなくなって「まあいいや、明日行こう」と、やるべきことを先延ばしにしてしまう。こんなことがないように。

決めたことはできるだけそれを優先して、よほどのことがない限り実行しましょう。明日は、明日の予定をこなすことです。そうしないと、前には進めません。先送りばかりしていては、頭の中がごちゃごちゃになって、あれもこれもと整理されません。

それに明日は、何があるかわかりません。このままだと、慌てて急いで取りに行かねばならなくなって、他のことがまた先送りになるのではないかしら？　そうなると、いつも頭の中が混乱してスッキリしませんね。

頭をスッキリさせるためにも、今日決めたことは今日のうちにやってしまいましょう。頭の中に宿題を残さず、やり切る！　子供と一緒です。

やるべきことをきちっとやったらスッキリします。

「これ」はしない！ その31

「やらない」理由を考えない

今日は動きたくないとか、今日は寒いだの暑いだのと、理由をつける。しなければならないことが自分にとって複雑だったり、どうしても気が乗らなかったりすることもありましょう。

しかし、やってみたらすぐにできて、あっけなく終わったという経験は1つや2つはあると思います。

本当はやりたくないのではなく、勝手に脳が理由を見つけ出しているだけなのです。脳につけ入るスキを与えないことよ！

「今日はこれをやる！」と自分で決心してみて！

探し物をしないコツ

探し物をしないコツは、用事が済んだら元の場所へ戻すこと。これにつきます。

そんなこと当たり前じゃないですか！　って思うでしょ？　でも当たり前なことができないから、探すのではないでしょうか？

また明日使うからと、その辺に置いておく……。この癖がほったらかしのもとで、もし明日用事が入って使わなかったら、そして明後日になっても使わなかったら……。そのうち家族が「あれどこ？」。

どこに置いたかも忘れてしまう。

必ず元に戻したなら、いつも探さずに手に取れます。一人暮らしで自分だけなら、自分がそれでよければそれで済まされますが、家族や同居人がいる場合はそれでは困ります。

使ったらすぐに元に戻す。これが片づけの必須事項です。これをしないから行方がわからなくなってしまうのです。

そしてもう1つ、モノがいっぱいあることで定位置を決められず、モノがなくなってしまう。こんなこともあるので、モノはやっぱり少ない方がいいですね。モノを少なくして、必ずどのモノにも定位置を決めてあげて元に戻す。こうしてしまえば後は探し物はなし！

誰でもそれはわかっているんですけどね……。

なぜか探し物をしています。

「これ」はしない！　その32

使いっぱなしにしない

探し物が多い人は、あまり探し物をしていることが苦になっていないのかも？　だから戻さない？

でもね、探し物をせずに済む生活をいったん知ると、探し物をしたくなくなりますよ。カギはここ。文具はここ。住所録はここ。つめ切りはここ。

使ったら元に戻す。

家族の誰が使っても必ず元に戻す。

これで探し物はなくなります。

モノの混乱は元に戻さないことにあります。必ず元に戻すことを徹底しましょう。使った人が責任を持って元に戻すこと。

※定位置は、誰もが元に戻しやすい場所にすること。

第4章

「これをしない!」だけで暮らしが変わる!

見た目だけではない化粧の効用

若くてぴちぴちしている素肌美人は素敵ですね。ただ私たちのようなお年頃になると、どうも素肌では勝負できにくくなってきます。肌がくすんできて、シミやしわも出てきて、決して素肌では外には出たくないですね。

化粧は自分のためにするものではなく、人のためにするものかもしれません。

自分で自分の顔を見るのは鏡の前だけですものね。

お年頃の方がきれいにお化粧されていると、上品だな~と思います。身ぎれいにして薄化粧でお買い物をされている姿を見ると、「まあ、きれい！」と思います。

年を取っても、お年頃はお年頃なりに身ぎれいにして、美しくありたいものです。

自分自身も、化粧をすると背筋がシャキッとしますので、見た目だけではなく、化粧の効用は大きいと思います。

ステキ！

季節の冷暖房機の使い方

マンションでは、エアコン1つで用が足りるのかもしれませんが、我が家のように戸建ての場合は、エアコンだけでは冬は寒いし夏は暑いのでストーブなどの暖房器具、夏は扇風機などを重宝しています。

ここ数年前から大きな台風が来て、暑さもいつになったら和らぐのかわかりません。ですから、扇風機のしまい時期も早めにすると、暑さがぶり返してまた出す羽目に。

冬は、こたつとホットカーペットを使います。お年頃になって、どちらかと言うと年々冬より夏の暑さがこたえて、体が参ってきています。ですので、エアコンと扇風機は結構長く、リビングや寝室で活動してもらっています。

しまう時は必ずきちっと掃除して、買った時の箱に戻ってもらって、次の出番まで休憩してもらいます。

掃除は少しでも長持ちしてもらうために、きちんとしておきます。こういった道具のお手入れをきちんとすることで、長らく同居してもらえます。扇風機は昔と違って数千円で買うことができますが、買い替えるときは捨てる方にもお金がかかります。

捨てるのにお金がいる時代です。ビックリ！　ですね。

お金をかけないためにも、なるべく長く大切に使いたいものです。

「これ」はしない！　その33

季節物を出しっぱにしない

年がら年中、ストーブや扇風機がお部屋に出ていませんか？　季節物は用が済んだらきれいにお掃除して、次の出番まで休憩させてあげましょう。スッキリ暮らすには、いつも今使うモノしか部屋にはないように！

洗濯でやめたこと

洗濯物は、毎日するより正直2日に1回の方が、水や洗剤、何より環境汚染に配慮して、エコだと思ってやっていました。しかしそれをやめました。2日に1回だと、夫婦二人でも洗う量は2倍になり、4人家族の分と同じになります。

洗濯物が乾くと取り込んでたたむのが4人分。作業は2人分より重労働になります。しかもそれに伴い、下着や着る服が毎日するより持ち数を増やさなければならなくなりました。収納場所もたくさんいるようになりました。

私は元々たたむという作業が好きではなく、だんだん洗濯も嫌いになりかけていました。それでは一大事！　洗濯しなかったら汚い……。

そこでたたむことが好きになる、あるいは楽しくなる方法は何？　と考え、2日に1回をやめ、毎日洗うようにしました。そうするとどうでしょう。洗う分も少ない、干すのも少ない、取り込みも簡単、たたむのもすぐに済んでしまう。それに下着などの枚数も少なくてOK。収納場所も少しで済みました。

いいことずくめでした。エコに縛られていた（誰に強制されたわけでもなかったのに）自分を解放してあげたら、とても楽になりました。

「これ」はしない！　その34

自分を縛らない

理由がわかれば、やりたくない家事も「好きになる」ことができます。私のように、洗濯物をたたみたくないという理由でやり方を見直した結果、楽ちんになることができるのです。

嫌な理由は必ずあります。考えてみてください。

タイヘーン!
ゴシゴシ
落ちなーい!!
キラ〜〜イ!

毎日ちょっとずつで
ラクにキレイ!

タオルひとつのメンタル強化術

災害が起きると、とたんにお風呂に入ることができなかったり、今まで当たり前に使えたモノが使えなくなったりします。

もし、普段から心がけていたとしたら、できないことも大きなダメージにならずに済むのではないかと考えられますよね。

大きなバスタオルからフェイスタオルにかえる。洗濯する水さえ貴重となれば、なおさら大きなタオルより小さなタオルの方がいいですね。

平生から普通のタオルで体を拭いていると、それだけでダメージも少なくなります。そんな風に、普段から、もしものことを考えてもいいのではないでしょうか。

そんな、ありもしないようなことと考えて生活するのは嫌だ、と言うかもしれませんね。でもこう大きな台風が来たり、恐ろしい地震があちらこちらで起きていたのでは、「ない」とは考えられなくもないのではないでしょうか！

私も阪神淡路大震災のときに、もうこれ以上大きな震災はないのではないかと思いました。しかし、そうではなかった……。

台風も毎年頻繁に来ましたが、ここ数年は大きな台風が来て、甚大な被害をもたらし、水も電気も来ない状態になりました。

余談ですが、１９９５年１月17日に起きた阪神淡路大震災後、水道の栓が変わったことをご存知ですか？

それまでの押すと流れるというシステムから、反対の押すと止まるというシステムに変わりました。これは地震でモノが落ちてきたときに、水道の栓に落下物が当たり、火災発生時に消火ポンプに水が送られてこないという不具合が生じたために、改良されたのです。

こんな風に、社会の中で考えられ、できることが改善されるようになりました。私たちも、それぞれ考えていかねばならないのではないでしょうか。

政府や行政に頼らず、自分たちでできることは自分たちでする。

バスタオルではなくフェイスタオルにすると、洗濯物の嵩がどんと減ります。しかも家族全員が使っていた場合、相当洗濯の量も変わってきます。水も洗剤も、干す労力もたたむ労力もいりません。

今日からやってみてください。

またメンタル面から考えても、1つ〝大丈夫〟ができましたね。

#「夜は軽食」が楽

最近私は、夜は軽食を心がけています。
そこは体のことを考えた上での食生活です。
この秘かな試みが、意外と我が家では〝食べ過ぎないからいい〟と好評です。
その上、後片づけと掃除が楽になりました。

今までは油を使った料理も多く、レンジ台からキッチントップまで油が飛び跳ねて、掃除が大変でした。軽食にしてから、ささっと拭いてお片づけが終わります。

そんなの食べ盛りの子供がいたら無理よ!! って、言われそうですね。でもね、そんな風に普通にやっている国もあるんですよ。

日本では毎回手作りで料理すべき、といういわゆる手料理神話が存在して、こだわり続けている……。

仕事を持つ女性にとって、手作りが大変な人もいます。その神話に自分も縛られて、「申し訳ない」と思って肩身が狭くなる……。

別にいいではないですか、そんなこと。もしどうしても食べたいということであれば、早く帰った人が作ればいい。家族ができるようになれば、料理作りがいかに大変かみんなもよくわかるしね。

できないときは、パンと野菜とハムでもいいじゃない。朝食時に作った茹で卵や、チーズもどう？ それに、インスタントのスープでもつければ十分よ！

おにぎりとインスタント味噌汁。スーパーで買ってきた刺身をほんの少し足してもOKよね。そうすれば作る負担も、片づける負担も、「手をかけて作らなければ！」の負担もなくなると思う。
毎日の、手作りのための買い物も減って、負担が更に軽減します。
更に、今の日本での生活習慣病は食べ過ぎによるものが多いということを聞きます。
確かにテーブルに並べられた立派な夕食。毎回、食べきれずに残すほどある。
そんな過食は体にいいはずがありません。

「これ」はしない！ その35

無理をしない

お母さんの温かい手料理は、お休みの毎週土日というのもいいですよね。

そうすると、家族そろっての土日の食事が、楽しみにもなります。

毎日有り余るほどの食事を作って、食べ過ぎて太って、子供でも糖尿病予備軍がいると聞きます。


「こうしなきゃ！」と自分を追い詰めず、できることをする。

片づけの負担も軽減。

洗剤の種類を減らす

頑固な汚れは普通の洗剤では落ちない。⬇落ちないから強力な落ちる洗剤を購入する。⬇洗剤が増える。

この負のサイクルを打開するにはどうしたらいいか。

答えは簡単です。掃除を毎日すれば頑固な汚れには絶対なりません。頑固なものにならないから洗剤をいっぱい買う必要がなくなってきます。しかも、毎日掃除すれば時間もかからず、掃除が苦にならなくなってきます。

ひょっとして、掃除は毎日する方が面倒だと、あなたは思っていませんか？

そうじゃないですよ。逆に汚れてからする掃除は、汚れを落とすのに力を入れたり、汚れの落ちる強い洗剤を購入したりと「掃除が大変」になっていきます。

もう1つ、掃除が苦手と思っている人は、毎日隅々まできれいにしなければと思っていませんか？　隅々まで完ぺきにしなくていいんですよ。

「あら！　そうなの？　知らなかったわ。それだったら私にもできるかも」

そうです。誰でもできます。

毎日、玄関を掃除するぐらい2分でできるとなると、「私、やるわ！」って思いますよね。今まで、玄関だけでも10分も20分もかけて掃除していたとしたら、そんなの簡単！

トイレ掃除はどうですか？　汚れてからする掃除は、きれいにするのにとても時間がかかります。頑固な汚れ落とし、洗剤を使ってゴシゴシと。

毎日すればとにかく頑固な汚れはつきません。しかも私はトイレ掃除も洗剤なしです。毎日使うところは毎日掃除すれば洗剤はいりません。嫌な臭いもありません。いつもきれいです。

そうしていけば、まず頑固な汚れ落とし用洗剤は買う必要がなくなります。今まで窓には窓用洗剤、お風呂には、お風呂用洗剤のほかに、カビ防止スプレーだの目地のカビ取り洗剤だの。

特別洗剤である専用洗剤は一切不要です。

私は換気扇掃除にも換気扇専用洗剤は持っていません。洗剤もあれこれ買うとびっくりするぐらい場所を取ります。そして1、2回使っただけで長い間使わないと、「効かないのではないかしら？」と不安になり、奥から出して試すのが面倒でそのあと使っていない……なんていう洗剤もありませんか？

新品でも、使ってみたけど臭いが合わないとか、思ったほど落ちないとか、手間がかかり過ぎるとか……そしてもっと良い洗剤をと、更に買ってくる。いろいろと、あなたにとってマイナス要因があればあるほど、買ったモノを手に取って使うことがなくなります。そうしたものが場所を塞ぎ、どんどん年月が過ぎてカオスとなっていくのです。

さぁ、この際全部捨ててみませんか？　大丈夫かどうか試すのが嫌でほったらかしていたモノを今更また使うかもなんて思えません。だからきれいさっぱり捨てた方が精神的にいいです。

収納場所が空っぽになったらとても気持ちがスッキリ！　しますよ。使えそうなモノもこの際さよならします。

もったいないようですけど、それらを捨てることによって、必要なモノだけを吟味して買うようになります。

買うだけで安心したり、1、2回使うだけでほったらかしにしてしまった洗剤。全部今回に限り捨ててみる。次からは買ったモノは最後まで使い切る。そう心に決めてゼロからスタートしてみてください。

今いるモノだけを買う

これをしたら得だとか、これをしないと損だとかいう世の中に振り回されて、みんな、波のように同じ方向に押し寄せる。それは確かに、そのことだけなら得なのかもしれませんが、長い目で見ると、ただ世間の『得』という波に乗せられているだけではないだろうかと思うのです。

少しぐらい得をしなくても、いるものだけを買って普通に生活する方が、いつか使うかもしれない（使わないかもしれない）モノを買ってどこかにしまっているより、よほど現実的ではないでしょうか。

今使うモノを今買う。損得に関係なく、バーゲンではなくても普通に買う。このようにしていると逆にお金は減りません。これが地に足をつけた生活ではないでしょうか。

「これ」はしない！ その36

余計なモノを買わない

お得だからと余計なモノを買って、使わずにどこかにしまう。それこそが汚部屋にしてしまう元凶です。買うことに心が浮かれてしまって、買った後は悲惨な状態。モノが溜まりに溜まってフン詰まり。

お買い得にご注意!!

一カ月でどれぐらい持つか調べる

これを調べたらストックを持たなくなります。

大体で「そろそろ、なくなってきそうだから買っておこうかな」と消耗品を買っていませんか？

私も昔はそうやって買っていました。しかし、家に帰ったらまだ新しいのがそのまま1つあった。

今回も買ってきたのでダブってしまった。

こんなあいまいなことをなくそうと考えたのが次の実験でした。

1．まず実験する消耗品に、開封した日付を書いたシールを貼ります。
2．時々どれぐらい減ったかチェックしてみます（楽しむ）。
3．なくなりかけたら同じモノを購入します（調査中ですから）。
4．使いきった時点で、3で用意していた新しいモノを開封し、1から始めます。

これを繰り返してみると、1カ月でどれぐらい必要かがわかってきます。

お醤油1本、あなたの買うサイズのモノはどれぐらいで使い切りますか？　みりんは？　サラダ油は？　ゴマ油は？　ソースは？　ケチャップは？　マヨネーズは？　歯磨き粉は？　5個入りティッシュボックスは？

自分の買っている量（250グラムとか）で調べてみてください。1個1個調べてみると、興味深い結果が出ます。すると1カ月の必要経費が、自ずと見えてきます。

「ケチャップは大きいサイズを買うから、2カ月に1回の購入で十分足りるわ」とか、「トイレットペーパーは1・5の太巻き12個入り、1カ月で使い切るわ」などとわかってくれれば、1カ月に1個買っておけば用は足ります。1カ月に2個使う場合は、1度に2個買っておく。

わかっていれば、「足りなさそう」と不安にもならず、余分に買うこともなくなります。1カ月の予算の中で何を買って何を買わないか把握していくことができます。

そして、やがては不安で買っていたストック品がなくなって、収納棚がガラガラになってきます。洗濯洗剤なども同じ要領で把握してみてください。そうすると、これらにかかる1カ月の必要経費がわかってきます。

使う量を知ることから始めてみましょう。そして、ゴマ油など、めったに使わないモノなら、小さいサイズにダウンした方が安くつくこともわかってきます。普通サイズでは、賞味期限はとっくに切れ、まだ半分以上残っている、なんてことありませんか？

また良いと思って買ったけど、1回しか使わなかったというモノはこれからは買わないことです。

いつも行くお店では、何日ぐらいで安売りをすると把握しておけば、その日に買うようにする！　というのも1つの手です。

「これ」はしない！その37

特売日を待たない

毎月必ず買わなければならないものは、お給料日もしくはいつも行くお店の特売日を把握して毎月必ず買うといいでしょう。ただ特売と言っても10円から50円ぐらいの差だと、その日を待たずに買ってもいいのではないかと私は思います。

待って買うのも、「忘れてはいけない」というストレスがかかります。余分なストレスをかけないのも大事なことです。

わたしは
ゆうわく
悪魔に
負けない…
2コで
値引
本日
50
円引
20%
OFF

広告に惑わされない

私はお店の特売日には買いに行かないようにしています。

広告が出て『安いですよ。牛乳を買いに来なさい』というお誘いに、のこのこ出かけていってエコバッグいっぱいに買い物して帰る。これがお店の手です。

しかも今日は牛乳だけど明日は卵だったりして、「卵が安いから明日も行かなくっちゃ！」なんて、そんなことしていたら買い物三昧じゃないですか！

また明日も、何かしら「折角お店に来たのだから」と買う。

こんな風にお店の商法に乗っていては、いくらお金があっても足りませんね。

本当にいるモノは、自分の行きたい日に行って定価で買うことです。

そうすればお金は減りません。

「これ」はしない！ その38

お店の商法に乗らない

一日の予定は自分で決める（広告に引き寄せられない）。

定価で、いる分だけを買う。消費税も上がって、よくよく考えて買うときが来たように思います。

今は、キャッスレスがお得とばかりに、あちこちの〇〇ペイとかで、スマホで決済している人もいらっしゃいます。

何にいくら使ったかわからなくなってしまうこともありそうで、私はしていません。

どんな仕組みなのかわかっていないので、怖くてね。やっぱり基本的に私は、「お得です」にはすぐには乗らないタイプです。

ただクレジットカードは非常に勉強しました。

カード会社は山ほどあります。その中から、自分に合ったカードを選び、上手に使うようにしています。クレジットカードもいろいろですので、勉強しないといけません。自分に合わないものもあります。

消耗品は普段用と災害用に

月のはじめにトイレットペーパーと医薬品を買うと決めて、月に1回、必要な分だけ購入します。今は夫がいるので一緒にお買い物に行って、忘れないようにメモして一度に購入してきます。

今まで、トイレットペーパーなどの消耗品で、足りないから2度買いに行くということをしたことがありません。

そして、ストックも持たないようにしています。

ストックを持たないということで「震災や、台風があったらどうするの？不安じゃないの？」という疑問を持たれるかもしれませんが、災害用のトイレットペーパーやティッシュボックスなどは、別に用意してあります。食品も同じです。別々に用意することで普段の生活は普段の生活として、過不足なく管理できます。ごちゃごちゃにしていると、「足りなかったらどうしよう」と不安になりストックをたくさん持つことになります。

こうして、普段の生活と震災用のグッズはきちっと分けておくと安心です。

「これ」はしない！その39

普段使いの分と災害用を一緒にしない

災害用グッズも、1度作ったらもういいではなくて、台風のとき、地震のとき、これが役立ったというニュースや情報の中から常に見直していくことです。特にトイレの問題に関しては、皆さん口々におっしゃいます。

災害に遭ったら普通には暮らせないということを頭に置いて、普段の生活とは別に備えていきたいものです。普段使いのモノと一緒にすると、いざというとき、数が少なくなったりして困るのではないかと思います。

買い物の仕方が片づけを変える

買い物の仕方で、家の中の収納場所がたくさん必要だったり、ほとんどいらなかったりします。

買い物は単にお金を使うだけではなく、モノを置く場所、整理整頓にまで関わってきます。片づけの観点から考えると、モノを買えば、たとえ消耗品であろうとも、使うまでは収納場所が必要になってきます。

手あたり次第に買って帰ると家の中はモノだらけになってきます。ですから必要なモノだけを買うようにしなければ、モノの管理ができにくくなってきます。

買い物の仕方を必要な分だけ買うというように変えたら、暮らしやすくなります。シンプルな暮らしが手に入りますよ。

「これ」はしない！ その40

必要以上に買わない

とにかくモノを必要以上に買わない！

これをやめるだけで、家の中に余分なモノが入ってこないので、管理が楽になります。

片づけは最後まで片をつける

知らぬ間に増え続けたモノたち。何か買えばおまけがついてくる世の中です。街を歩けば、ボールペンやポケットティッシュを配っていることも。受け取ればひょいひょい入ってくる。

家の郵便受けには宣伝付きのマグネット。サプリメントを毎月頼めば一緒に宣伝広告も付いてくる。お誕生月にはサプリメント会社から何かしらプレゼントとして粗品が入ってくる。

求めていようがいまいが、勝手に入ってくるのです。入ってきたモノをそのままなんの手立てもしないで放っておくと、そこら中がモノでいっぱいになります。

テレビをつけたら「これいいですよ。こんなにすごいですよ」と訴えてくる。インターネットでちょっと「これどうかな？」と見てみれば、他のサイトを見ているにもかかわらず、「この間、見たこれどうですか？」みたいな広告が付いてくる。

なんか怖いな～と思ってしまいます。こちらが買うのをあきらめていた商品を、また「これどうです？」のようにしばらくしてからＵＰされると「やっぱり買おうかな」という気にもさせられます。それが怖いですね。

自分の意思を、こうやって買うように持っていかれるのってね。

ネットもほどほどにしておかないと、家はモノであふれてきます。

誘惑はありとあらゆるところからです。

中途半端に片づけると、これらからの誘惑にまた引っかかってしまいます。

片づけようと思ったら強い意志が必要です。

最後までやり切れば、もう二度と散かり放題になることはないでしょう。

モノと自分の間の意思決定権はこちらにあります。
さあ！　あなたが片をつけます。
残すモノはなんですか？

「これ」はしない！ その41

中途半端にして諦めない

少しずつでもやり続ければモノは必ず減っていきます。

とにかく買い物は、必要なモノだけを買う。

家にはまだまだ片をつけねばならないモノがあります。誘惑に負けないように、インターネットの時間も減らして、まずは自分の身の回りをスッキリさせましょう。

連鎖するモノを断ち切る

1つ買えば、それに付随してモノはどんどん増えていくことをご存知ですか？　これは脅威ですよ。

○例1

パソコンを買いました。食卓台でもいいと思っていたけど、やっぱりパソコン台が欲しくなりました。

1．パソコン台、購入。
2．椅子も必要になってきました。
3．照明が暗いのでデスク用スタンドを買いました。

4. 写真を撮り込みたくなったのでデジカメを買いました。
5. 携帯でも取り込めると聞いてスマホに変えました。
6. USBもあると便利だから。
7. 残しておきたいので後付けハードディスクも買いました。
8. パソコンの使い方の本もあったら便利かなと思い買いました。
9. パソコンの周りに収納する棚がなかったので小さな収納棚も買いました。
他にも思い出せばあると思いますが、これだけでも9個のモノが増えてしまいましたね。

○例2
今まで着たことのないようなエレガントなブラウスを1枚買いました。
ここから始まる連鎖を見てみましょう。
1. 今まで着たことのないブラウスに合うスカートが欲しくなりました。

2．それに合う上着も買いました。

3．全体的に、今までに着たことのないモノですので、ヒールもバランスが悪いので、合うモノを見つけて買いました。

4．もちろんきれいな洋服には素敵なバッグがいいので買いました。

5．今まで持っていない服なので、コートも合いません。コートを買いました。

たった1枚、今までと違うモノを買ったせいで、上から下まですべて買う羽目になりました。今まで着たことのないブラウスを1枚買うことで、こんなにモノが増えることに気づいてもらえたでしょうか。

◯例3

猫を飼うことにしました。必要なモノを揃えなければなりません。

1．餌

2. 餌入れ
3. 水入れ
4. おしっこシート
5. 猫砂
6. ケージ
7. 夏用座布団
8. 冬用座布団
9. 電気あんか
10. 首にかける鈴
11. フェラリア、ノミなどの予防費
12. 猫じゃらし
13. 猫草
14. キャリーバッグ

もっとほかにもいるのだろうけれど、思いつくままに書いてみました。こんな風に、1つ手に入れるとそれだけでは済まないということです。

そして、これからそれを管理していかねばなりません。病気をしたら医者代がいり、パソコンなら壊れたら修理代がいります。だから「安易にモノを買ったり、飼ったりせず、よくよく考えてからにしましょう」ということです。

とは言っても、ごんおばちゃまのところでも猫を飼っていますが、諸々覚悟の上で飼っています。

ただ動物は、自分と動物の寿命のことも考えて飼うべきだと思っていて、動物の寿命より明らかに自分の寿命の方が短いとわかっている場合は、残された動物のために飼うべきではありませんね。

私は猫を飼おうと思ったとき、猫の寿命が大体20年ぐらいと考え、自分の今の年齢に20歳加えてみました。今なら大丈夫！　と思って飼い始めました。あと2年先だったら、飼うのを断念していたと思います。

動物の寿命、自分の寿命、ちゃんと考えて飼うべきです。

「これ」はしない！　その42

安易にモノを買わない

買うとき、飼うときはしっかり考えてからにしましょう。
生き物は、モノのようにはいきません。
飼ったら、最後まで見てあげないといけません。

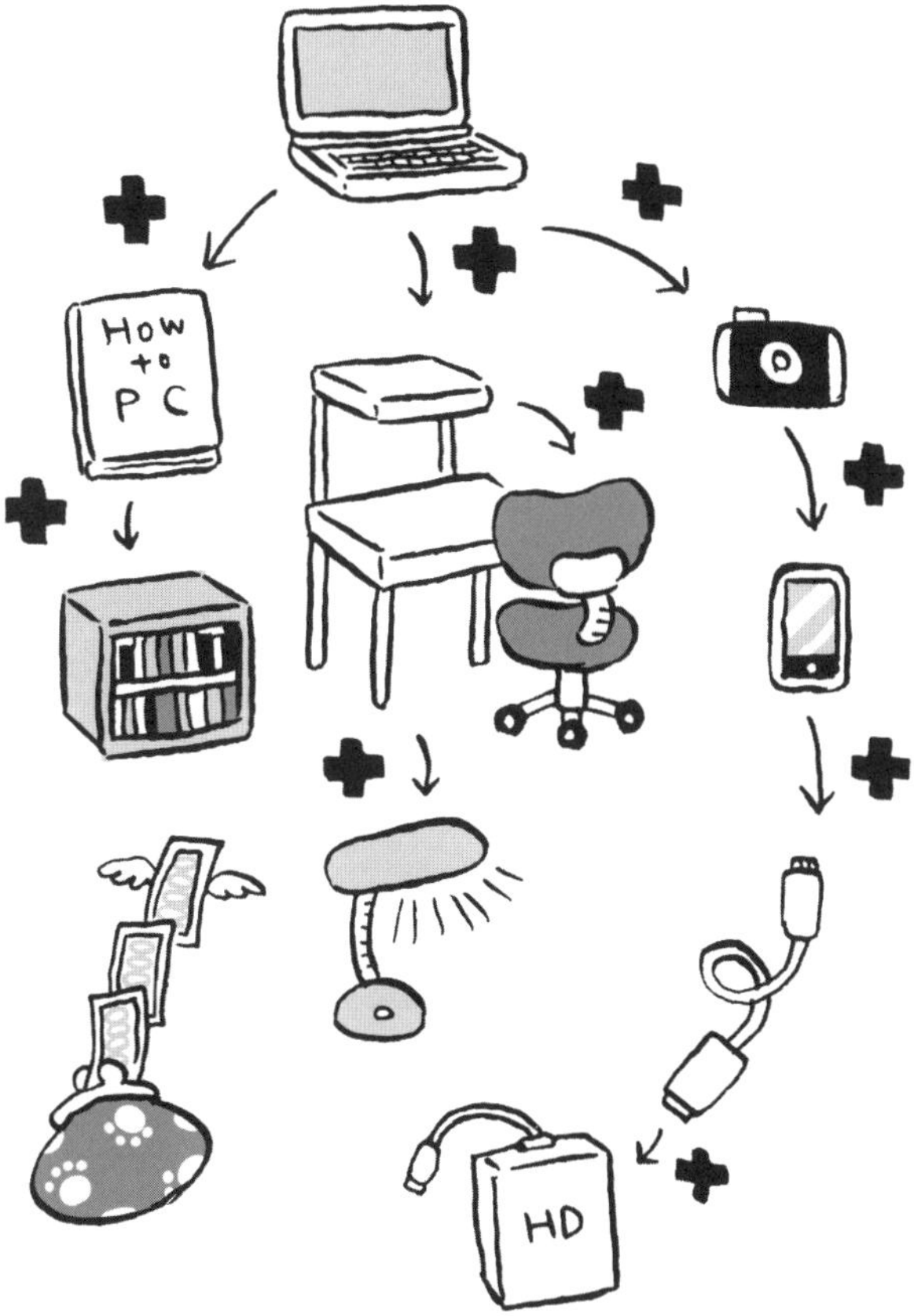
How to PC
HD

習慣が生活を作る

朝起きたら一番にあなたは何をしますか？

歯を磨く？

うがいをする？

トイレに行く？

きっと、そんなことを一番にするはずです。起きてすぐにご飯を食べるなんてしませんよね。人は必要なことを必要なときにする。これが知らず知らずのうちに、習慣となっています。

良い習慣はスムーズに事が運びますが、まずい習慣は、生活に支障をきたしています。一体、まずい習慣とはどんな習慣なのでしょうか？　例をあげていきましょう。

1. 時間もないのにテレビを見ながら食事をする。⬇早く食べ終わって他にすることがあるのでは。

2. 新聞を読みながらご飯を食べて、新聞を読みっぱなしにして、広げたまま出かける。新聞広告もそのまま。⬇ほったらかしにして出かけると、帰ってから片づけるという作業が待っています。

3. 食事が済んだ後、後片づけもほったらかして、のんびりテレビを見る。⬇まずは後片づけが済んでからゆっっくりするんですよね？

4. 洗濯機は回したのに干すのを忘れて随分してから干す。⬇洗濯物が乾きませんよ？　洗濯機の中に入れたままにすると洗濯物が臭くなりますよ～。

5. 好きでもない人が急に訪ねてきて、本人の悩みをさんざん聞かされて半日も棒に振った。⬇好きでもないというところがみそですね。相手に合わさず、「今日は時間がないの」と言ってもいいのでは？

6．一日の予定を立てないまま一日が終わってしまう。⬇成り行き任せで過ごすことのないよう予定を立てるようにしましょう。

こうやって毎日過ごしていることが実は習慣になっているとしたら、どうですか？　時間がもったいないですよね。

これが一生続くとしたらどうですか？　非常にもったいない!!

でも、考えなしにこうやって過ごしていくと、こんな一生なのかもしれませんね。

習慣が生活を作っていくのがわかりますよね。

こんな習慣がなければ、どれだけ有効な時間が作れるかわかりません。

「これ」はしない！ その43

時間の無駄使いをしない

改めて、自分の習慣を俯瞰して見てみましょう。すると、「おや？」と、思いもかけなかったことをしているかも？　こんなところでそれはないでしょ？ということをしているかもしれないです。

時間の無駄使いをいたるところで見つけたら、見つけたことが大発見！　これからはそれらをやめていけばいいですね。まずは今の自分をチェックしてみることです。そののち、まずい習慣は削除です。削除すると、違う習慣が入る余地がありますね。良いものを取り入れたいですね。

おわりに

片づけだすと大きな壁にぶち当たります。

1．片づけても片づけてもモノが多すぎて進まず、こんなに多かったのか、まだあるのかと恐れおののく。

2．この大量のモノはどうしたらいいのか途方に暮れる。

3．捨てると言ってもどんな風に捨てたらいいのか、捨て方がわからない。

4．これだけのモノ、到底一人では無理だと思ってしまう。

この4つの壁を乗り越えていかねばなりません。そんなことを考えると、すぐに「無理！」と脳内で反対意見が出始めます。

誰だって楽をしたいので、諦めようとします。

そこを覚悟を決めて突き進まなければなりません！

為せば成る 為さねば成らぬ何事も
成らぬは人の為さぬなりけり

でしたよね。このままだと一生このままです。

もし「やるよ！」と決めたら、この言葉を胸に『為せば成る』と反芻しましょう。そしてひたすら抜いていけば未来は明るい！

続けていけば、今日よりも明日、そして明日よりも明後日には、モノは必ず減っていきます。

そして大きな山が中ぐらいの山になり、小さな山になって、しまいには山はなくなってしまいます。

やらねば山は動かじです。

山が勝手に動くはずがありません。もちろん動かせるのはあなたです。

1つ目の山はなんだっけ？

「片づけても片づけてもモノが多すぎて進まず、恐れおののく」でしたね。あなたが動けば大丈夫！　モノはどんどん減って、いるものだけが残ります。

2つ目の山はなんだっけ？

「この大量のモノはどうしたらいいのか途方に暮れる」でしたね。多すぎてほとんど前に進んでいないように見えますが、途方に暮れるほどでもありません。だって使っていないモノが多いと思いますよ。

3つ目はなんだっけ？

「捨てると言ってもどんな風に捨てたらいいのか、捨て方がわからない」でしたね。市役所の清掃課で聞いたら、分別の仕方も、粗大ごみの出し方も、丁寧に教えてくれました。案ずるより産むがやすしよね。

その通りにやれば悩まなくて済みます。

4つ目はなんだっけ？

「これだけのモノ、到底一人では無理だと思ってしまう」だったわね。一人では無理と思ったけれど、役所で尋ねたり、ネットで調べたり、市からの広報紙を見たりして（今までは見なかったんだけど）、調べようと思えば調べられるものね。


ほら、あなたが動けば駄目と思っていたのに大丈夫でしょう！

とにかく一日でも早く気づいて、片づけることです。

そうすれば、これから先の未来は、今よりもっともっと身軽で動きやすくなります。

そして楽しみだって増えます。

「片づけなければ、どこにも出かけられない！」といった縛りを取っ払って、どこへでも自由に出かけられます。

そして、それが周りの人を大切にすることにも通じるのです。

暮らしはシンプル。

それが私のあこがれでもありますし、希望でもあります。


片づけは面倒で、とてもできない、やる気が起きない、やりたくない、しんどい、だめだ……と思っても、たった30分、整理整頓なしで抜くだけで、行きたいところへ自由に行けて、見たいものは見て、暮らしていけるようになるんです。

どうか最後までへこたれず、確固たる意志を持って片づけ切ってください。

片づけは決してネガティブなことではありません。

片づけた先には明るい未来が待っている!!

この先の未来まで持っていくのかどうかを考えて、残すか抜くかを決めればいいですね。

あとがき

早いもので私も年金をいただく身と相なりました。

自分では60過ぎたあたりまでは元気ハツラツでしたのに、最近ではテレビに出ている人を見ても名前がさっぱり出てこないし、「あれは……あの……」と、記憶の糸口が見つからなかったり、体も思うようには動かなかったりで、「ああ、年を取ったものだ」と痛感している今日この頃でございます。

しかし、お陰様で「あれどこにしまったのかしら？」というのはありません。また、２０１８年に手術をした際も、慌てることなく準備万端で迎えることができました。

1995年1月17日に阪神淡路大震災が起きたときのショックは大きく、今でも忘れることができません。

あれ以来、私は「家具はできるだけ持たない。高いところにモノはのせない」を徹底してきました。

必要なモノだけ持ち、モノに執着をしないようにしてきました。

モノより命が一番と深く心に刻みました。

度重なる地震、最近では台風も猛威を振るい、甚大な被害が出てきています。

家が壊されたり、瓦が吹き飛んだりと、家の中のモノも使えなくなってしまう……。

そんな様子を見るにつけ、嵐が去ったその後の片づけが大変であるというのは、テレビに映し出されるごみの山でも見てとれます。

日頃から少ないモノで暮らしていれば、たくさんのごみを出さなくて済みます。それに、片づけるという作業もしなくて済みます。

体も心もへとへと……。自然のなすことは、私たちにはどうしようもありません。しかし、そうだからといって何もせず、手をこまねいて見ているばかりではいけません。なんとかしなくっちゃね。

この度も、イラストレーターの伊藤ハムスター様、本田道生様をはじめ編集にかかわっていただいた皆様に感謝いたします。

手術もあって、傷が癒えるのを気遣いながら、長い間お待ちいただきました。ありがとうございます。

この本を手に取っていただいたあなた、これからの人生、先のことはわかりません。

今こそ片づけて、いつも平然としていられますように、少しでもこの本がお役に立つことができましたら光栄です。

本を手に取っていただきありがとうございました。

あなたの未来が明るいことを祈っております。

２０２０年２月吉日　ごんおばちゃま

これをしないだけで

部屋も心もすっきり!リスト ㊸

- □ その① あるのが当たり前にしない
- □ その② できないと諦めない
- □ その③ 先にのんびりしない
- □ その④ 手を出さない
- □ その⑤ 「いつか片づける」をしない
- □ その⑥ 片づけと整理整頓を一緒にしない
- □ その⑦ 余分なモノを持たない
- □ その⑧ ガラクタを大切にしまわない
- □ その⑨ しまいこまない

□ その⑩ 衝動的に買わない

□ その⑪ 飾らない

□ その⑫ 家の中に取り込まない

□ その⑬ 使えるなら新しいモノは買わない

□ その⑭ ぼやーと買わない

□ その⑮ 無駄な買い物はしない

□ その⑯ 黙ってしまわない

□ その⑰ 無理をしない

□ その⑱ モノを増やさない

□ その⑲ 自分を追い込まない

□ その⑳ 安いからと買わない

□ その㉑ お皿を増やさない

□ その㉒ 「かもしれない」はなし

□ その㉓ 当たり前だと考えない

□ その㉔ すぐ動かない

□ その㉕ 儲け話に乗らない！

□ その㉖ 簡単に信用しない

□ その㉗ 悩まない

□ その㉘ いい加減なことはしない

□ その㉙ 嫌々しない

□ その㉚ 「後で」はなし

□ その㉛ 「やらない」理由を考えない

□ その㉜ 使いっぱなしにしない

□ その㉝ 季節物を出しっぱにしない

□ その㉞ 自分を縛らない

□ その㉟ 無理をしない

□ その㊱ 余計なモノを買わない

□ その37 特売日を待たない

□ その38 お店の商法に乗らない

□ その39 普段使いの分と災害用を一緒にしない

□ その40 必要以上に買わない

□ その41 中途半端にして諦めない

□ その42 安易にモノを買わない

□ その43 時間のムダ使いをしない

しない片づけ
これをしないだけで部屋も心もすっきり!

著者　ごんおばちゃま

2020年3月15日　初版第1刷発行

発行者　笹田大治
発行所　株式会社興陽館
東京都文京区西片1-17-8 KSビル
TEL:03-5840-7820
FAX:03-5840-7954
URL:http://www.koyokan.co.jp

装丁　mashroom design
カバー・本文イラスト　伊藤ハムスター
校正　新名哲明
編集補助　島袋多香子+中井裕子
編集人　本田道生

印刷　惠友印刷株式会社
DTP　有限会社天龍社
製本　ナショナル製本協同組合

ISBN978-4-87723-252-8 C0077

片づけのみならず暮らし全般を網羅！
暮らし哲学の神髄がこの一冊に

あした死んでもいい暮らしかた

ごんおばちゃま

本体 1,200円+税

ISBN978-4-87723-214-6 C0030

「身辺整理」してこれからの人生、身軽に生きる！ こうすれば暮らしがすっきりする「具体的な89の方法リスト」収録。

「いつ死んでもいい暮らし方」でスッキリ幸せ！